Generalindex

zu den Veröffentlichungen des
Vereins für Geschichte der Stadt Wien

1977–2002

von

Ingrid Ganster

Herausgegeben von Karl Fischer
Verein für Geschichte der Stadt Wien

Wien 2003

Inhaltsverzeichnis

Abkürzungsverzeichnis

BKF = Wiener Bezirkskulturführer, hrsg. von Felix Czeike, Heft 1 (1978 f.) – Heft 31

FB = Forschungen und Beiträge zur Wiener Stadtgeschichte, hrsg. von Felix Czeike bis 2001, ab 2002 Susanne Claudine Pils Bd.1 (1978) – Bd. 38 (2002)

GStW = Geschichte der Stadt Wien, hrsg. von Felix Czeike, Bd. I.–V., Wien 1985–1991.

JbVGStW = Jahrbuch des Vereins für Geschichte der Stadt Wien; ab Bd. 34 (1978) = Studien zur Wiener Geschichte, hrsg. von Peter Csendes (1976–1989); ab 1990 bis 2002 Ferdinand Opll und Karl Fischer
Bd. 32/33 (1976/77) – Bd. 57/58 (2001/02)

PCA = Pro Civitate Austriae. Informationen zur Stadtgeschichtsforschung in Österreich, begründet von Wilhelm Rausch, Neue Folge, Leitung Felix Czeike und Ferdinand Opll (1996, 1997); ab 1998 Felix Czeike, Fritz Mayerhofer und Ferdinand Opll; Redaktion Susanne Claudine Pils seit 1996
Heft 1 (1996) – Heft 7 (2002) und Sonderheft

WGBll = Wiener Geschichtsblätter, hrsg. von Felix Czeike von 1970-1995, seit 1992 (gem. mit Felix Czeike) bzw. 1995 (alleinverantwortlich) Klaralinda Ma-Kircher.
Jg. 32 (1977)–Jg. 57 (2002), mit Sonder- und Beiheften

Vorwort

Die Erschließung der Literatur ist heutzutage zu einer unbedingt erforderlichen Voraussetzung wissenschaftlichen Arbeitens geworden. Das rasche Auffinden von Literatur soll dadurch erleichtert werden.
Dem Verein für Geschichte der Stadt Wien war die Erstellung eines Literaturverzeichnisses seiner Publikationen schon immer ein Bedürfnis. Wie bereits im Vorwort des 1978 von SR Hertha Wohlrab erstellten Generalindex zu den Veröffentlichungen des Vereins zur Geschichte der Stadt Wien erwähnt, wurde schon 1869 mit der Erstellung von jahrgangsübergreifenden Inhaltsverzeichnissen zu den Vereinspublikationen begonnen, die dann laufend fortgesetzt wurden. 1975 wurde im Vereinsvorstand der Beschluss gefasst, jenen oben erwähnten Generalindex anlässlich des 125-jährigen Vereinsjubiläums im Jahre 1978 zu präsentieren. Die vorliegende Arbeit knüpft an diesem Generalindex an und setzt ihn fort.
In den letzten 25 Jahren erschienen im Rahmen des Vereins neue Publikationen wie zum Beispiel die Reihe der „Forschungen und Beiträge“ mit 38 Bänden (bis 2002), die die Vielschichtigkeit der Wien-Themen sehr eindrucksvoll zur Geltung bringt, oder die Serie der „Bezirkskulturführer“, die sich neben den Bezirken auch mit anderen topografischen Schwerpunkten beschäftigen. Die wissenschaftliche Tätigkeit des Vereins in den 80er und 90er Jahren, die größere Komplexität der verschiedenen Bereiche zur Geschichte Wiens, die detaillierte Aufarbeitung spezieller Wien-Themen, aber auch die Verschiebung der Interessenschwerpunkte bei der Bearbeitung der Wiener Geschichte – alles dies wird durch die vorliegende Arbeit ebenso dokumentiert wie die unerschöpfliche und äußerst verdienstvolle Arbeit zur Wiener Geschichte dieses nunmehr 150 Jahre alten Vereins.

Anleitung zur Benützung:

Im Wesentlichen lehnt sich vorliegende Literaturerschließung an das Vorbild des Wohlrabschen Generalindex an. Alle im Abkürzungsverzeichnis vorkommenden Publikationen sowie einige Sonderveröffentlichungen wurden aufgenommen. Von der Reihe „Forschungen und Beiträge“ wurden der Reihentitel ebenso wie die darin vorkommenden einzelnen Artikel aufgenommen, sofern sich deren Themen nicht im Reihentitel wiederholen. Nicht berücksichtigt wurden bei der Aufnahme Vorwörter, Einleitungen, Grußworte bzw. Geleitwörter. Ebenfalls unberücksichtigt blieben der Historische Atlas Wien und dessen begleitende Kommentarbände. Zwar beteiligt sich der Verein seit einiger Zeit an deren Herausgabe, doch entstand die Konzeption außerhalb seines Einflussbereichs und der größere Teil der bisher erschienenen Lieferungen erfolgte noch ohne sein Mitwirken.

[1] Hertha Wohlrab, Generalindex zu den Veröffentlichungen des Vereins für Geschichte der Stadt Wien (früher Alterthums-Verein zu Wien) 1856–1976, Selbstverlag des Vereins für Geschichte der Stadt Wien, Wien 1978.

Die Einteilung der Nachweise erfolgte in fünf Abschnitte: 1. Titel mit und ohne Verfasser, geordnet alphabetisch nach Verfasser oder erstem Ordnungswort; mit Verweisen auf den zweiten und dritten Abschnitt wird zugleich die Aufgabe eines Autorenregisters erfüllt. 2. Personalia (Ehrungen, Todesfälle, Geburtstage, Ernennungen), alphabetisch nach der zu ehrenden Person geordnet (deshalb auch nicht im Register). 3. Buchbesprechungen, Literaturberichte und Zeitschriftenüberschau, lediglich numerisch angeführt; dem angeschlossen ist eine Liste von Bibliografien aus den Publikationen; 4. Vereinsnachrichten: Diese wurden numerisch nach Schlagworten gegliedert aufgezählt. 5. Das Register (Personen-, Orts- und Sachregister) aus den Titeln der Aufsätze erstellt. Darin sind sämtliche unter 1. angeführten Aufsätze sowie die thematischen bibliographischen Arbeiten des dritten Abschnittes zu finden. Das Schlagwort Wien wurde weitest gehend nicht berücksichtigt, da der Großteil der Artikel Wien-bezogene Themen behandelt. Die Schreibweise folgt in den ersten vier Abschnitten jeweils der Vorlage, im Register wurde durchgehend die neue Rechtschreibung angewandt.

Mein besonderer Dank gilt all jenen, die mich bei der Durchführung dieser Arbeit unterstützt haben. Allen voran Herrn Dr. Heinrich Berg, der die nicht eben leichte Aufgabe der technischen Betreuung der dieser Arbeit zugrunde liegenden Datenbank übernommen hatte. Ebenso danke ich Frau Dr. Brigitta Psarakis und Herrn Professor Peter Csendes für ihre fachliche Beratung und last not least dem Generalsekretär des Vereins für Geschichte der Stadt Wien Herrn Dr. Karl Fischer sowie der Präsidentin des Vereins Frau Dr. Klaralinda Ma-Kircher, denen die Veröffentlichung dieser Arbeit ein besonderes Anliegen war und die mir mit Rat und Tat stets zur Seite standen.

Ingrid Ganster

Monografien, Aufsätze und Berichte

Abrahamowicz Zygmunt,

1 – Neuere und neueste polnische Literatur über den Krieg und Frieden Polens mit den Türken und Tataren vom 13. bis zum 18. Jahrhundert; FB 13 (1983), 53–77

Achs Oskar,

2 – Zur Geschichte der Erforschung des Bildungswesens der Stadt Wien; WGBll. 45 (1990), 25–31

Ackerl Isabella,

3 – Die Propaganda der Vaterländischen Front für die geplante Volksbefragung vom 13. März 1938; FB 2 (1978), 18–24

4 – Die Großdeutschen und der Anschluß; FB 2 (1988), 158–163

Aichelburg Wladimir,

5 – Das Künstlerhaus, die Secession und der Hagenbund 1938–1945; JbVGStW 51 (1995), 5–34

6 – Das Künstlerhausarchiv; WGBll. 52 (1997), 53f.

Aichholzer Doris,

7 – Klosterleid, Fehlgeburten und Türkengefahr. Das Themenspektrum in Briefen adeliger Frauen vom 16. bis zum 18. Jahrhundert; WGBll. 54 (1999), 116–132

Albrecht Johann,

8 – Volksbildner und Astronom Universitätsprofessor Doktor Oswald Thomas (1882–1963); WGBll. 37 (1982), 105–109

Albu Diana/**Weisz** Franz,

9 – Spitzel und Spitzelwesen der Gestapo in Wien von 1938–1945; WGBll. 54 (1999), 169–208

Altfahrt Margit,

10 – Anspruch und Wirklichkeit. Realität einer Arbeitslosensiedlung am Beispiel Leopoldau; FB 12 (1983), 77–100

11 – Die Denkmäler für Franz I. Stephan, Joseph II. und Franz I. im Bereich der Wiener Hofburg. Zu Motivation, Aussage und Funktion dreier Wiener Kaiserdenkmäler; JbVGStW 38 (1982), 71–81

12 – „Den Professionisten ist wider ihre Störer alle Assistenz zu leisten“ Unbefugte Schneider im Wien des späten 18. Jahrhunderts; JbVGStW 52/53 (1996/97), 9–32

13 – „Dieser wider alle Vernunft lauffende Mißbrauch“. Disziplinierung und der Kampf um die Handwerksbräuche im 18. Jahrhundert; JbVGStW 55 (1999), 5–30

14 – Bilddokumente aus dem Wien des 20. Jahrhunderts. Das Fotoarchiv Gerlach im Wiener Stadt- und Landesarchiv als Quelle

für die Forschung in einer Zeit der fortschreitenden Bildmanipulation; JbVGStW 57/58 (2001/02), 7–23

15 – Die Budapester Orpheumgesellschaft. Ein Detail aus Wiens Kulturgeschichte der Jahrhundertwende; WGBll. 38 (1983), 137–141

16 – Bürgermeister Johann Andreas Liebenberg; WGBll. 38 (1983), 165f.

17 – Die Dreißigerjahre in Wien; WGBll. 39, Beiheft 1 (1984)

18 – Der Donaukanal – Metamorphosen einer Stadtlandschaft; WGBll. 55, Beiheft 1 (2000)

Altfahrt Margit/**Fischer** Karl,

19 – „Illuminations-Anfang der Stadt Wien". Zur Einführung der Straßenbeleuchtung im Jahre 1687; WGBll. 42 (1987), 167–170

20 – Theodor Körner. Bürgermeister und Bundespräsident; WGBll. 42, Beiheft 1 (1987)

Altfahrt Margit/**Mayer** Wolfgang,

21 – 90 Jahre Vororte bei Wien; WGBll. 37, Beiheft 4 (1982)

Ammerer Gerhard,

22 – Der „Colloredo-Diebstahl". Historische Skizze eines Wiener Kriminalfalls der Jahre 1812/13; WGBll. 52 (1997), 156–166

Amon Hans,

23 – Das Spielgrafenamt in Österreich unter und ob der Enns; JbVGStW 42 (1986), 7–33

Andraschek-Holzer Ralph,

24 – Niederösterreichische Städteansichten der frühen Neuzeit. Versuch einer Systematisierung anhand der „Topographia" Georg Matthäus Vischers; PCA NF, Heft 5 (2000), 63–76

Anzenberger-Ramminger Elisabeth,

25 – Gustav Barth zum 100. Todestag; WGBll. 52 (1997), 186–188

26 – Carl Ferdinand Füchs zum 150. Todesjahr; WGBll. 53 (1998), 272–274

Appel Erika/**Perger** Richard,

27 – Grabsteinteile vom Wiener Stephansdom – gefunden in Altmannsdorf; JbVGStW 49 (1993), 89–99

Arat Mari Kristin,

28 – 175 Jahre Mechitharisten in Wien und 285 Jahre „Ökumenismus"; JbVGStW 42 (1986), 47–60

Artinger Kai,

29 – Bürgerfrauen im Raubtierkäfig. Zwei Wiener Mittelstandsfrauen als Dompteusen im Zirkus; WGBll. 49 (1994), 220–226

Aspernig Walter,

30 – Der Wiener Bürgermeister Jakob Starch und die Storchen zu Klaus in Oberösterreich; FB 7 (1980), 43–58

31 – Quellen zur Geschichte von Wien bis zum Jahre 1500 aus Welser Archiven; JbVGStW 38 (1982), 7–23

32 – Zur Herkunft des Wiener Chorherren Sigmund Schelhel und seines Vetters Erhard Griesser, Kammerschreiber Herzog Albrechts und Bürger zu Wien; WGBll. 46 (1991), 118–122

s. a. 1153

Auer Erwin M.,

33 – Medaillen und Plaketten in der Geschichte unseres Vereins; JbVGStW 34 (1978), 494–523

34 – Die Auflösung des Wiener „K. u. k. Hof-Marstalls“ im Rahmen der Obersten Verwaltung des Hofärars; JbVGStW 37 (1981), 177–257

35 – Theaterspielen und Klosterspiele bei den Schotten. Ein Beitrag zur Wiener Theatergeschichte zwischen 1919 und 1931; JbVGStW 42 (1986), 89–118

36 – Das Archiv des Vereins für Geschichte der Stadt Wien; WGBll. 32 (1977), 144f.

37 – 125 Jahre Verein für Geschichte der Stadt Wien; WGBll. 33 (1978), 111–115

38 – Die Verwaltung des Altertumsvereins und des Vereins für Geschichte der Stadt Wien; WGBll. 33 (1978), 138–158

39 – Ein „Museum der Ersten und Zweiten Republik Österreichs“. Dr. Karl Renners Plan und erster Versuch; WGBll. 38 (1983), 53–80

s. a. 1099, 1106, 1150, 1151, 1163, 1177, 1186

Auer Erwin M./**Perger** Richard,

40 – Die Donnerstags-Gesellschaft des Altertums-Vereins zu Wien; JbVGStW 46 (1990), 7–23

Baltzarek Franz,

41 – Regional- und Stadtgeschichte im Spannungsfeld zwischen traditioneller historischer Landeskunde und Sozial- und Wirtschaftswissenschaften; JbVGStW 34 (1978), 438–459

42 – Das territoriale und bevölkerungsmäßige Wachstum der Großstadt Wien im 17., 18. und 19. Jahrhundert. Mit Beobachtungen zur Entwicklung der Wiener Vorstädte und Vororte; WGBll. 35 (1980), 1–30

Banik-Schweitzer Renate,

43 – Liberale Kommunalpolitik in Bereichen der technischen Infrastruktur Wiens; FB 1 (1978), 91–119

44 – Die Stadt lesen wie ein Palimpsest – im Historischen Atlas von Wien; JbVGStW 52/53 (1996/97), 33–51

45 – Vorankündigung: Historischer Atlas von Wien; WGBll. 35 (1980), 99f.

46 – Historischer Atlas von Wien; WGBll. 35, Beiheft 5 (1980)

Banik-Schweitzer Renate/**Meißl** Gerhard,
47 – Industriestadt Wien. Die Durchsetzung der industriellen Marktproduktion in der Habsburgerresidenz; FB 11 (1983)
48 – Historischer Atlas von Wien. Dokumentation und Kurzbeschreibung der Karten der 1. und 2. Lieferung; WGBll. 39, Beiheft 6 (1984)
49 – Historischer Atlas von Wien. Dokumentation und Kurzbeschreibung der Karten der 3. Lieferung; WGBll. 42, Beiheft 4 (1987)

Banik-Schweitzer Renate/**Pircher** Wolfgang,
50 – Zur Wohnsituation der Massen im Wien des Vormärz; FB 8 (1980), 133–174

Barchetti Theodor,
51 – Nochmals Stock im Eisen; WGBll. 36 (1981), 108–110

Barner Erich,
52 – Die Panzerkassenfabrik Olzer in Gumpendorf; WGBll. 32 (1977), 148f.

Barth-Scalmani Gunda,
53 – Hebammen in der Stadt. Einige Aspekte zur Geschichte ihres Berufsstandes am Beispiel der Stadt Salzburg vom 17. bis zum Beginn des 20. Jahrhunderts; PCA NF, Heft 2 (1997), 7–22

Barton Peter Friedrich,
54 – Calvin hinter der Deckmaske. Zwischen Zwinglis Abgang und der niederländischen Gesandtschaftskapelle; FB 16 (1986), 14–26

Baryli Andreas,
55 – Gewerbepolitik und gewerberechtliche Verhältnisse im vormärzlichen Wien; FB 8 (1980), 9–31
56 – Die Wiener Innungen und das Allgemeine Krankenhaus; JbVGStW 37 (1981), 88–116

Bastl Beatrix,
57 – Feuerwerk und Schlittenfahrt. Ordnungen zwischen Ritual und Zeremoniell; WGBll. 51 (1996), 197–229
58 – Caritas Conjugalis. Der Begriff des Friedens in der Ehe; WGBll. 52 (1997), 221–233
59 – Gabentausch. Wiener Adelshochzeiten und ihre Bedeutung für die interkulturelle Kommunikation; WGBll. 54 (1999), 257–271
60 – Die Bekleidung der Lebenden und der Toten. Memoria, Soziale Identität und aristokratischer Habitus im frühneuzeitlichen Habsburgerreich; WGBll. 55 (2000), 102–123
61 – Erkundungen zum „Selbst“ in der Frühen Neuzeit; WGBll. 57 (2002), 223–245

Bastl Beatrix/**Heiss** Gernot,
62 – Tafeln bei Hof: Die Hochzeitsbankette Kaiser Leopolds I. ; WGBll. 50 (1995), 181–206

Bauer Irene,
63 – Diebinnen und Betrügerinnen in Wien um die Jahrhundertwende. Zur Sozialgeschichte der Frauenkriminalität; JbVGStW 44/45 (1989), 187–227

Baumann Eva,
64 – Opernsänger Anton Baumann – 100. Geburtstag; WGBll. 45 (1990), 184

Bednar Helmut,
65 – Das Holz des Stock im Eisen. Erste Ergebnisse der holzbiologischen Untersuchung; WGBll. 32, Sonderheft 1 (1977), 16–23

Beer Siegfried,
66 – Wien in der frühen Besatzungszeit. Erkundungen des US-Geheimdienstes OSS/SSU im Jahre 1945. Eine exemplarische Dokumentation; (dt./engl.); JbVGStW 51 (1995), 35–92

Beer Siegfried/**Staudinger** Eduard G.,
67 – Die „Vienna Mission“ der Westalliierten im Juni 1945. Eine Dokumentation; (engl.); JbVGStW 50 (1994), 317–412

Bekesi Sandor,
68 – Vom „Luftreservoir“ zur „Verkehrshölle“ und „Kulturmeile“? Beiträge zu Geschichte und Wahrnehmung des Wiener Gürtels; WGBll. 55 (2000), 73–101

Benedik Christian,
69 – Zeremonielle Abläufe in habsburgischen Residenzen um 1700. Die Wiener Hofburg und die Favorita auf der Wieden; WGBll. 46 (1991), 171–178

Berg Heinrich,
70 – Das „Scharlachrennen“ – der mittelalterliche Wiener „Pallio“; WGBll. 45 (1990), 112f.
71 – Die Baukonsensakten des Unterkammeramtes. Dokumente des Wiener Baugeschehens vom 17. bis zum 19. Jahrhundert; WGBll. 45 (1990), 113f.
72 – Das Erdbeben von 1590; WGBll. 45 (1990), 166–171
73 – Die Wiener Stadtbücher (1395–1430); WGBll. 46 (1991), 85f.
74 – Mozart-Dokumente; WGBll. 46 (1991), 133f.
75 – Eine Ablassurkunde für die Erasmus- und Helenenkapelle auf dem Stephansfriedhof. Rom, 1513 April 20; WGBll. 47 (1992), 122–124
76 – Die Privilegienbestätigung Maria Theresias für die Wiener Bader und Chirurgen vom 5. August 1752; WGBll. 48 (1993), 53–55

77 – Die Fischereiordnung Maximilians I. für die Donau und ihre Nebenflüsse, 1506 Februar 24; WGBll. 48 (1993), 117f.
78 – Drei Konzessionsurkunden für die Dampftramway Krauss & Comp. (1882 und 1886); WGBll. 48 (1993), 177–179
79 – Adels- und Wappenbriefe; WGBll. 50 (1995), 47–49
80 – Das Stammbuch des Offiziers Philipp Jakob Damang (Hs. B 119); WGBll. 51 (1996), 114f.
81 – Dokumente des Jahres 1848; WGBll. 53 (1998), 68–70

Berg Heinrich/**Fischer** Karl,
82 – Vom Bürgerspital zum Stadtbräu. Zur Geschichte des Bieres in Wien; WGBll. 47, Beiheft 3 (1992)

Berg Heinrich/**Meißl** Gerhard,
83 – Floridsdorf 1894 – 1904 – 1954 – 1994; WGBll. 49, Beiheft 3 (1994)

Berger Elisabeth,
84 – „Ich will auch studieren!" Zur Geschichte des Frauenstudiums an der Universität Wien; WGBll. 57 (2002), 269–290

Berger Günther,
85 – Sieben erhaltene Konkurrenzprojekte zur Anlage des Wiener Zentralfriedhofs (1870–1871); JbVGStW 38 (1982), 82–138
86 – Die Kaiserin-Elisabeth-Gedächtniskapelle in der Kaiser-Jubiläums-Kirche Franz von Assisi und andere Denkmale für die Monarchin in Wien; JbVGStW 43 (1987), 97–117
87 – Kronprinzessin-Stephanie-Denkmale in Wien; JbVGStW 49 (1993), 173–194
88 – Der Wiener Friedensstupa; WGBll. 39 (1984), 166–175
89 – Cesar Poppovits – ein vergessener Architekt aus der Josefstadt; WGBll. 40 (1985), 1–16
90 – Friedensreich Hundertwassers Wohnhausanlage in Wien; WGBll. 40 (1985), 133–146
91 – Chinesen in Wien; WGBll. 40, Beiheft 2 (1985)
92 – Kirche der Barmherzigen Brüder. Hl. Johannes der Täufer, Wien 2, Taborstraße 16; WGBll. 42 (1987), 54–64
93 – Spuren der Vergänglichkeit. Aufgelassene und verschwundene Friedhöfe in Wien; WGBll. 44, Beiheft 1 (1989)
94 – Der Malerfürst in der Gußhausstraße. Topographischer Beitrag zum 150. Geburtstag von Hans Makart; WGBll. 45 (1990), 171–183
95 – Julius Ritter von Payer. Zum 150. Geburtstag; WGBll. 46 (1991), 97–111
96 – Joseph Franz Haydns unruhiger Ruheort am Hundsthurmer Friedhof (Haydnpark); WGBll. 46 (1991), 183–191

Bernard Erich/**Feller** Barbara,
97 – Siedlung Starchant – „Kronstück christlicher Wohnungspolitik"; WGBll. 50 (1995), 1–15

Binder Otto,
98 – Die Remigration bei Banken und Versicherungen; FB 38 (2002), 33–37

Birke Veronika,

s. 295

Birkner Othmar,
99 – Die bedrohte Stadt. Cholera in Wien; FB 35 (2002)
100 – Im Schatten der Revolution. Zum Bau der Wiener Ringstraße; WGBll. 53 (1998), 26–37
101 – Alltag vor und nach 1848; WGBll. 54 (1999), 33–42

Blaas Richard,
102 – Der 6. bis 8. Oktober 1848 in Wien. Nach dem Tagebuch des Ministerpräsidenten Wessenberg; WGBll. 33 (1978), 188–192

Blecha Karl/**Kienzl** Heinz/**Pfoch** Hubert,
103 – Die politische Remigration in der Nachkriegspolitik; FB 38 (2002), 15–20

Blümel Manfred,
104 – 70 Jahre Soziales Wohnbauprogramm. Politik als Gestaltungsmittel der Architektur; WGBll. 48 (1993), 185–219

Bock Fritz,
105 – Vierzig Jahre nachher; FB 2 (1978), 11–17

Bolognese-Leuchtenmüller Birgit,
106 – „Immer und vor allem das Wohl der Arbeiter im Auge habend, scheut die Firma weder Kosten noch Mühe ...“. Zur Wohnsituation der Fabriksarbeiter in den österreichischen Industriegebieten vor dem 1. Weltkrieg; FB 12 (1983), 37–60

Botz Gerhard,
107 – Das Ergebnis der „Volksabstimmung“ vom 10. April 1938; FB 2 (1978), 95–104
108 – Beseitigung der Arbeitslosigkeit in Wien 1938/39; FB 2 (1978), 190–196

Bousska Hans W.,
109 – Bezirksmuseum Meidling; WGBll. 57, Beiheft 4 (2002)

Boyer John,
110 – Veränderungen im politischen Leben Wiens. Die Großstadt Wien, der Radikalismus der Beamten und die Wahlen von 1891 (1. Teil); JbVGStW 36 (1980), 95–173
111 – Veränderungen im politischen Leben Wiens. Die Großstadt Wien, der Radikalismus der Beamten und die Wahlen von 1891 (2. Teil); JbVGStW 37 (1981), 117–176

Brauneder Wilhelm,

112 – Eine Übertragung Wiener Rechts auf Klosterneuburg. („Aufsatz des Erbrechts 1381/1383"); WGBll. 32 (1977), 236f.

Brauneis Walther,

113 – „Dies irae, Dies illa – Tag des Zornes, Tag der Klage". Auftrag, Entstehung und Vollendung von Mozarts „Requiem"; JbVGStW 47/48 (1991/92), 33–50

114 – „... composta per festeggiare il sovvenire di un grand Uomo". Beethovens „Eroica" als Hommage des Fürsten Franz Joseph Maximilian von Lobkowitz für Prinz Louis Ferdinand von Preußen; JbVGStW 52/53 (1996/97), 53–88

115 – Beethoven und Rossini in der Josefstadt. Neue Argumente für eine Begegnung der beiden Komponisten im Frühjahr 1822; JbVGStW 54 (1998), 9–17

116 – Ludwig van Beethovens Aufenthalt in Jedlesee; WGBll. 35 (1980), 63–68

117 – Wiener Josephiana; WGBll. 36 (1981), 38f.

118 – Das Pasqualatihaus auf der Mölkerbastei. Eine baugeschichtliche Studie; WGBll. 37 (1982), 97–104

119 – Mozarts Nachruhm; WGBll. 47 (1992), 1–21

Breiter Marion,

120 – Hinter der Front. Zur Versorgungslage der Zivilbevölkerung im Wien des Ersten Weltkriegs; JbVGStW 50 (1994), 229–267

Broda Engelbert,

121 – Das Jahr 1938 und die Naturwissenschaft in Österreich; FB 2 (1978), 230–236

122 – Warum war es in Österreich um die Naturwissenschaft so schlecht bestellt?; WGBll. 34 (1979), 89–107

123 – Ludwig Boltzmann, Albert Einstein und Franz Joseph; WGBll. 38 (1983), 109–119

Brousek Karl M.,

124 – Die „Tschechisierung" Wiens. Ein Beitrag zur Geschichte der Wiener Tschechen in der Zwischenkriegszeit; WGBll. 34 (1979), 124–128

Brunner Karl,

125 – Die Ungarnzeit und die Neuorientierung im österreichischen Donauraum; WGBll. 36 (1981), 198–201

Buchinger Günther/**Schön** Doris,

126 – Die Baugeschichte der Wiener Schranne nach bildlichen Quellen und archäologischen Befunden; JbVGStW 57/58 (2001/2002), 301–334

Buchmann Bertrand Michael,

127 – Der Wiener Linienwall und die Linienämter; WGBll. 33 (1978), 65–76

128 – Die Verzehrungssteuer; WGBll. 34 (1979), 20–29

Buchner Thomas,

129 – Störer, Schutzdekretisten, Meister. Zünftige und nichtzünftige Arbeit im Wien des 18. Jahrhunderts; WGBll. 56 (2001), 113–131

Bürbaumer Ursula,

130 – Automobiltechnische Leistungen von Siegfried Marcus. Motortechnisch bedeutende Innovationen des vielseitigen Erfinders; WGBll. 53 (1998), 100–122

Cadilek Franz,

131 – Penzing – Ein Rundgang mit ein bisschen Geschichte!; WGBll. 57, Beiheft 7 (2002), 24–37

Cernajsek Tillfried/**Csendes** Peter/**Mentschl** Christoph/**Seidl** Johannes,

132 – „... hat durch bedeutende Leistungen ... das Wohl der Gemeinde mächtig gefördert". Eduard Sueß und die Entwicklung Wiens zur modernen Großstadt; WGBll. 54, Beiheft 3 (1999)

Chaloupek Günther,

133 – Der unvollendete Boom. Die Entwicklung der Wiener Wirtschaft in der Ära des Liberalismus; FB 1 (1978), 30–43

134 – Wiens Großhandel in der kommerziellen Revolution; WGBll. 39 (1984), 105–125

Chaloupek Günther/**Eigner** Peter/**Wagner** Michael,

135 – Wien. Wirtschaftsgeschichte 1740–1938, 2 Bde., Teil 1: Industrie, Teil 2: Dienstleistungen; GStW, Bd. IV und V (1991)

Cloeter Hermine,

136 – Wie ich Schriftstellerin wurde; WGBll. 42 (1987), 65–67

Csendes Peter,

137 – Wien. Entwicklung und Erscheinung. Hrsg. vom Wiener Stadt- und Landesarchiv in Zusammenarbeit mit dem Verein für Geschichte der Stadt Wien. Redaktion: Peter Csendes. Sonderausstellung des Wiener Stadt- und Landesarchivs 23. Juni–31. August 1989

138 – Erinnerungen an Wiens Türkenjahre; BKF 29 (1983)

139 – Die Wiener Stadtverwaltung im März 1938 und ihre Entwicklung unter der nationalsozialistischen Herrschaft; FB 2 (1978), 70–76

140 – Die Aufenthaltsorte der Babenberger in Niederösterreich und Steiermark; JbVGStW 34 (1978), 24–32

141 – Regensburg und Wien – Babenbergerresidenzen des 12. Jahrhunderts; JbVGStW 47/48 (1991/92), 163–171

142 – Eine wiederentdeckte Handschrift des Wiener Stadtrechtsbuchs; JbVGStW 54 (1998), 19–28

143 – 125 Jahre Wiener Geschichtsschreibung. 125 Jahre Verein für Geschichte der Stadt Wien. Zur Ausstellung des Wiener Stadt- und Landesarchivs im Historischen Museum der Stadt Wien; WGBll. 33 (1978), 159f.
144 – Rückblick auf das Türkenjubiläumsjahr: Neue Gedenkstätten; WGBll. 39 (1984), 36
145 – Wien an der Schwelle zur Millionenstadt; WGBll. 43, Beiheft 2 (1988)
146 – Friedrich Freiherr von Schmidt – 100. Todestag; WGBll. 46 (1991), 31–34
147 – Zwei neue Urkunden zur Wiener Geschichte; WGBll. 47 (1992), 228–231
148 – Bemerkungen zur Pancarta Friedrichs III. für die Stadt Wien; WGBll. 48 (1993), 101–106

s. a. 132, 281, 1091, 1125, 1127, 1205, 1281, 1287

Csendes Peter/**Kubalek** Johannes,
149 – Die Wiener im Österreichischen Biographischen Lexikon; WGBll. 46 (1991), 26–29

Csendes Peter/**Lohrmann** Klaus/**Opll** Ferdinand,
150 – Wien – Stadt und Vorstadt zur Zeit Maria Theresias; WGBll. 35, Beiheft 1 (1980)

Csendes Peter/**Mayer** Wolfgang,
151 – Wappen und Siegel der Stadt Wien; WGBll. 41, Beiheft 1 (1986)
152 – Die Wiener Straßennamen; WGBll. 42, Beiheft 2 (1987)

Csendes Peter/**Opll** Ferdinand,
153 – Kaiserstadt und Reichsstadt. Wien und Ulm. Städte an der Donau; WGBll. 36, Beiheft 4 (1981)
154 – Wenia – Wienne – Wien. Die Siedlungsnamen auf dem Boden der Stadt Wien; WGBll. 39, Beiheft 7 (1984)

Csendes Peter/**Schirmer** Gerhard,
155 – Mit Seil und Haken. Der Wiener Anteil an der Erschließung der Bergwelt; WGBll. 39, Beiheft 4 (1984)

Cuvay Roxane,
156 – Das Technologische Museum Johann Ferdinand von Schönfelds; WGBll. 38 (1983), 120–136

Czeike Felix,
157 – XIV. Penzing; BKF 14 (1979)
158 – XXI. Floridsdorf; BKF 21 (1979)
159 – II. Leopoldstadt; BKF 2 (1980)
160 – VIII. Josefstadt; BKF 8 (1980)
161 – XI. Simmering; BKF 11 (1980)
162 – XV. Rudolfsheim-Fünfhaus; BKF 15 (1980)
163 – IV. Wieden; BKF 4 (1981)
164 – VI. Mariahilf; BKF 6 (1981)

165 – IX. Alsergrund; BKF 9 (1981)
166 – XVI. Ottakring; BKF 16 (1981)
167 – XX. Brigittenau; BKF 20 (1981)
168 – XIII. Hietzing; BKF 13 (1982)
169 – III. Landstraße; BKF 3 (1984)
170 – I. Innere Stadt; BKF 1 (1985)
171 – Die Machtübernahme im Wiener Rathaus; FB 2 (1978), 60–69
172 – Das Wiener Bürgermeisteramt im Hoch- und Spätmittelalter; FB 7 (1980), 3–16
173 – Die beiden Apotheken „Zum goldenen Löwen"; JbVGStW 54 (1998), 29–55
174 – Die Anfänge der Apotheke „Zu St. Ägyd" (3. Teil); WGBll. 32 (1977), VII
175 – Die Apotheke „Zum goldenen Straußen" auf der Freyung (3 Teile); WGBll. 32 (1977), XVIII; XXVII; XXXIX
176 – Das Wasserleitungsmuseum der Stadt Wien in Kaiserbrunn; WGBll. 33 (1978), 86
177 – Die Anfänge der Hundsturmer Apotheke (2 Teile); WGBll. 33 (1978), XI; XXI
178 – Die Apotheke „Zum weißen Hirschen" auf dem Schottenfeld (1 und 2. Teil); WGBll. 33 (1978), XXXIII; LV
179 – Die Familie Hüttenbrenner; WGBll. 34 (1979), 130f.
180 – Die Apotheke „Zum weißen Hirschen" auf dem Schottenfeld (3 Teile); WGBll. 34 (1979), IX
181 – Die Apotheke „Zum heiligen Petrus" in Erdberg; WGBll. 34 (1979), XXV; XXXIX; LI
182 – Die Wiener Kasernen seit dem 18. Jahrhundert; WGBll. 35 (1980), 161–190
183 – Die Apotheke „Zum heiligen Florian"; WGBll. 35 (1980), XI; XXIIf.
184 – Die Apotheke „Zur goldenen Rose" in der Vorstadt Neubau; WGBll. 35 (1980), XLVI
185 – Wiener Stadt- und Landesarchiv. Probleme der Stadtgeschichtsforschung; WGBll. 35 (1980), XXXVIIIf.
186 – Die Entwicklung des Bezirks Rudolfsheim-Fünfhaus; WGBll. 36 (1981), 20–35
187 – Die Entstehung des Vororts Rudolfsheim. Ein Beitrag zur Entwicklung der Infrastruktur und der Zusammenarbeit im Vortebereich vor der Eingemeindung nach Wien; WGBll. 36 (1981), 125–145
188 – Die Apotheke „Zum roten Krebsen"; WGBll. 36 (1981), LIf.
189 – Die Apotheke „Zur goldenen Rose" in der Vorstadt Neubau; WGBll. 36 (1981), XIf.
190 – Die Steuerleistung der Wiener Apotheker im 19. Jahrhundert; WGBll. 36 (1981), XXIII; XXXVII
191 – 700 Jahre Wiener Bürgermeister; WGBll. 37 (1982), 1–42
192 – Bürgermeister Andreas Ludwig Leitgeb; WGBll. 37 (1982), 167f.

193 – Die Apotheken im 3. Bezirk bis zum Ende des Vormärz; WGBll. 37 (1982), LXI–LXIII
194 – Die Militärdienstpflicht der Apotheker; WGBll. 37 (1982), XIII; XXX
195 – Kosten für die Einrichtung einer Apotheke im Vormärz; WGBll. 37 (1982), XL
196 – 275 Jahre Dorotheum. Das Wiener Dorotheum 1707–1982; WGBll. 37, Beiheft 2 (1982)
197 – Wiener Kunstpostkarten; WGBll. 38 (1983), 167–169
198 – Probleme der Wiener Apotheker während der napoleonischen Kriege 1805 -1809; WGBll. 38 (1983), XIII–XV
199 – Wiener Apotheker als Besitzer von Sammlungen (3 Teile); WGBll. 38 (1983), XXVIIIf; XLVf; LXI–LXIII
200 – 100 Jahre elektrische Tramway in Österreich. 80 Jahre Wiener Städtische Straßenbahn. Festschrift zur Jubiläumsausstellung des Modellbauers Heinz Fink im Wiener Dorotheum, Wien 1, Dorotheergasse 17, 27. 6. -9. 7. 1983; WGBll. 38, Beiheft 2 (1983)
201 – Haus und Apotheke zum“ schwarzen Elefanten“; WGBll. 39 (1984), Xf.
202 – Apotheken in der Stadt und in den Vorstädten bis 1850; WGBll. 39 (1984), XL–XLIII; LVI
203 – Die ältesten Apotheken im Bezirk Leopoldstadt; WGBll. 39 (1984), XXVIII
204 – Die ältesten Apotheken Favoritens (2 Teile); WGBll. 40 (1985), XLIII; LVIIIf.
205 – Apotheken in der Stadt und in den Vorstädten bis 1850; WGBll. 40 (1985), XXIVf.
206 – Die Apotheken rund um den Stock-im-Eisen-Platz; WGBll. 41 (1986), XIV–XVI; XXXf; XLIV; LXIIf.
207 – Apothekerhäuser zwischen Seiler- und Spiegelgasse; WGBll. 41 (1986), XLIVf.
208 – Jakob Augusta: erster Gremialvorsteher (1796 -1803); WGBll. 42 (1987), VIII; XIV; XXII; XXXI
209 – Die Apotheke „Zum roten Krebs“; WGBll. 43 (1988), 14–24
210 – Landpartien und Sommeraufenthalte. Die Entwicklung vom ausgehenden 17. bis zur Mitte des 19. Jahrhunderts; WGBll. 43 (1988), 41–65
211 – Die Entwicklung von Budapest; WGBll. 43 (1988), 150–160
212 – Die Anfänge der Apotheke „Zum weißen Storch“; WGBll. 43 (1988), XI; XVII–XIX; XXVI–XXVIII
213 – Verkehrsprobleme im alten Wien. Fragen der Verkehrssicherheit im 18. und 19. Jahrhundert; WGBll. 44 (1989), 1–20
214 – Der Apotheker Johann Klele; WGBll. 44 (1989), 40f.
215 – Die Apothekerfamilie Schlezer; WGBll. 44 (1989), 92f.
216 – Die Apothekerfamilie Greimoldt; WGBll. 44 (1989), 134–136
217 – Galopprennen in der Wiener Freudenau; WGBll. 44 (1989), 136–138

218 – Die Besitzer der Mohrenapotheke von der Mitte des 18. bis zur Mitte des 19. Jahrhunderts; WGBll. 44 (1989), 192–195
219 – Die Gründung von Apotheken jenseits der Donau; WGBll. 45 (1990), 38f.
220 – Kleine Geschichte der Fahrzeugkennzeichen; WGBll. 45 (1990), 39–44
221 – Der Lebenslauf des Apothekers Joseph Scharinger sen.; WGBll. 45 (1990), 100–102
222 – Die Hauptallee im Wiener Prater; WGBll. 45 (1990), 107–109
223 – Die Ringstraße: Treffpunkt der Architekten Europas; WGBll. 45 (1990), 109–111
224 – Advent- und Weihnachtsbräuche im alten Wien; WGBll. 45 (1990), 220–231
225 – Medikamentenversorgung in den Ortsgemeinden außerhalb des Linienwalls (2 Teile); WGBll. 45 (1990), XIVf; XXIIf.
226 – Fasching im alten Wien; WGBll. 46 (1991), 35–41
227 – Die Herkunft der Wiener Apothekergehilfen zur Zeit des Wiener Kongresses 1814/15; WGBll. 46 (1991), 75f.
228 – Das Casino Wien im Palais Esterhazy; WGBll. 46 (1991), 128–133
229 – 10 Jahre österreichisches Tabakmuseum; WGBll. 46 (1991), 192–194
230 – Pharmazeutische Maßnahmen gegen die Choleraepidemie 1831/32; WGBll. 46 (1991), VI–VIII
231 – Apotheker Joseph Wödl; WGBll. 46 (1991), XVII–XIX
232 – Die Apotheke „Zu Sankt Ulrich" im Vormärz; WGBll. 46 (1991), XXVIf.
233 – Der Apotheker Ignaz Moser; WGBll. 47 (1992), 50–52
234 – Joseph Emanuel Fischer von Erlach – 250. Todestag; WGBll. 47 (1992), 117f.
235 – Civilfeldspitäler in Wien 1814; WGBll. 47 (1992), 118–120
236 – Osterbräuche in Wien; WGBll. 47 (1992), 120f.
237 – Die Anfänge der Apotheke „Zum guten Hirten"; WGBll. 47 (1992), 172–175
238 – Ein vormärzlicher Rechtsstreit um die Verkäuflichkeit der Apothekengerechtigkeit zu St. Ulrich; WGBll. 47 (1992), 234–237
239 – Die Apothekerfamilie Pfendler; WGBll. 48 (1993), 39f.
240 – Die Besitzverhältnisse der Apotheken im 3. Bezirk von 1914 bis 1945; WGBll. 48 (1993), 113–117
241 – Die Apotheken im Bezirk Margareten in der Zwischenkriegszeit; WGBll. 48 (1993), 174–177
242 – Joseph Gerold – Vorsteher des Apothekergremiums zur Zeit des Wiener Kongresses; WGBll. 48 (1993), 240–242
243 – Apotheken in der Ringstraßenzone; WGBll. 49 (1994), 47–51
244 – Die Apotheke „Zum (schwarzen) Elefanten"; WGBll. 49 (1994), 106–108
245 – Apotheken im Bezirk Simmering; WGBll. 49 (1994), 175–178

246 – Geschichte der Apotheken des 7. Bezirkes nach 1900; WGBll. 49 (1994), 230–234

247 – Die Apotheken im Bezirk Wieden ab 1850; WGBll. 50 (1995), 43–46

248 – Gremialvorsteher Mathias Moser; WGBll. 50 (1995), 104–106

249 – Nachrichten über Wiener Apotheker in den Fakultätsakten des 15. Jahrhunderts; WGBll. 50 (1995), 238–240

250 – Die Apotheken des 8. Bezirks im 20. Jahrhundert; WGBll. 50 (1995), XVIII–XX

251 – Die Anfänge der Apothekerfamilie Moll; WGBll. 51 (1996), VIf.

252 – Die Gründung der Apotheke „Zum heiligen Leopold" in der Leopoldstadt; WGBll. 51 (1996), XIVf.

253 – Apothekenprobleme 1818: Verkäuflichkeit und Taxe; WGBll. 51 (1996), XXII–XXIV

254 – Apotheken im 6. Bezirk im 20. Jahrhundert; WGBll. 51 (1996), XXX–XXXII

255 – Apotheker Ignaz Edler von Würth.; WGBll. 52 (1997), 51–53

256 – Zur sozialen Stellung der Apotheker im 15. Jahrhundert; WGBll. 52 (1997), 121–124

257 – Die älteste Ringstraßenapotheke; WGBll. 52 (1997), 189–192

258 – Die Apotheke „Zum Salvator"; WGBll. 52 (1997), 255–263

259 – Die Militärmedikamentenlieferungen 1778 und ihre Folgen; WGBll. 53 (1998), 60–64

260 – Die Wandlungen des „Opernballs" in 125 Jahren; WGBll. 53 (1998), 65–68

261 – Die ältesten Apotheken Wiens; WGBll. 53 (1998), 123–130

262 – Lukas von Venedig; WGBll. 53 (1998), 205–207

263 – Apotheker und Stadtpolitiker: Laurenz Taschendorfer; WGBll. 53 (1998), 274–279

264 – Aus dem Apothekenalltag in der ersten Hälfte des 17. Jahrhunderts; WGBll. 54 (1999), 61–70

265 – Altwiener Christkindlmarkt im Melker Hof. Ein halbes Jahrhundert Trachtenfirma Tostmann; WGBll. 54 (1999), 68–70

266 – Das Trentino und Wien. Eine Spurensuche; WGBll. 54 (1999), 137–148

267 – Die Apothekerwitwen im Mittelalter und in der Frühen Neuzeit; WGBll. 54 (1999), 149–152

268 – Die Frühgeschichte der Apotheke „Zum schwarzen Bären"; WGBll. 54 (1999), 245–248

269 – Der Apotheker Wolfgang Lengenauer und seine Sippe; WGBll. 54 (1999), 311–315

270 – Der Apotheker Augustin Holdt; WGBll. 55 (2000), 62–64

271 – Georg Friedrich Eulenschenk, Apotheker „Zum goldenen Greif"; WGBll. 55 (2000), 142–147

272 – Die Zuwanderung von Apothekern nach Wien (14. – 17. Jahrhundert); WGBll. 55 (2000), 241–248

273 – Die Apothekerfamilie Well; WGBll. 55 (2000), 309–312

274 – Der Apotheker Vinzenz Hackenberger und seine Zeitgenossen; WGBll. 56 (2001), 77–82
275 – Zur Vorgeschichte der Bürgerspital-Apotheke; WGBll. 56 (2001), 162–168
276 – Die Frühgeschichte der Wiener Apotheken und die Probleme bei ihrer Erforschung; WGBll. 56 (2001), 266–273
277 – Die Paulusapotheke im 3. Bezirk; WGBll. 56 (2001), 344–347
278 – Heiraten und Verschwägerungen. Die familiären Verbindungen zwischen drei Wiener Apotheken im 17. und 18. Jahrhundert; WGBll. 57 (2002), 68–77
279 – Eine Familie aus Württemberg – drei Wiener Apotheken; WGBll. 57 (2002), 162–173
280 – Die Apotheker des Mittelalters im Spannungsfeld zwischen Universität und Stadt (1. und 2. Teil); WGBll. 57 (2002), 250–260; 340–347

s. a. 1098, 1104, 1174, 1182, 1183, 1184, 1195, 1235, 1265, 1267, 1288–1306, 1333–1340, 1363

Czeike Felix/**Csendes** Peter,
281 – Das Wiener Stadt- und Landesarchiv. Verwaltung – Wissenschaft – Volksbildung 1976–1980; WGBll. 37, Beiheft 3 (1982)

Czeipek Felix,
282 – Bezirksmuseum Wieden; WGBll. 57, Beiheft 6 (2002)

Dahm Friedrich/**Koller** Manfred,
283 – Die Wiener Spinnerin am Kreuz; FB 21 (1991)

Daim Falko,
284 – Archäologische Zeugnisse zur Geschichte des Wiener Raums im Frühmittelalter; WGBll. 36 (1981), 175–197

Deimel Gerhard,
285 – Natur- und Kulturlandschaft Wiental – Wienerwald; WGBll. 57, Beiheft 7 (2002), 19–23

Demelius Heinrich,
286 – Zur Geschichte des Heimfalls erbloser Güter an die Stadt Wien; JbVGStW 34 (1978), 106–121

Denscher Bernhard,
287 – Nationalsozialistische Propaganda zur „Volksabstimmung“ am 10. April 1938; FB 2 (1978), 89–94
288 – Die Werbung in Wien für die Nationalratswahl am 25. November 1945; JbVGStW 42 (1986), 119–140
289 – Neueste Literatur zur Geschichte des Plakates; WGBll. 41 (1986), 137–141

Deutschmann Wilhelm,
290 – Die Städtischen Sammlungen in der Zeit der nationalsozialistischen Herrschaft; JbVGStW 55 (1999), 31–48

Dörflinger Johannes,
291 – Stadtpläne von Wien und Pläne der Wiener Weltausstellung aus dem Jahr 1873; JbVGStW 47/48 (1991/92), 123–139

Dollinger Erhard,
292 – Die Lindwurmsage; WGBll. 56 (2001), 338–342

Donner Josef,
293 – Das Wasserleitungsmuseum der Stadt Wien in Kaiserbrunn; WGBll. 35 (1980), 30
294 – Wiener Wasserleitungsmuseum; WGBll. 37 (1982), 43–46

Doppelbauer Regina/**Birke** Veronika/**Kiehn** Michael,
295 – Die Kupferplatten zum „Hortus Eystettensis"; WGBll. 54 (1999), 22–32

Ebner Paulus,
296 – Politik und Hochschule. Die Hochschule für Bodenkultur 1914 – 1955; FB 37 (2002)

Eder Ernst Gerhard,
297 – Baden an freien Gewässern. Zur Subgeschichte einer Bedürfnisbefriedigung im Raum Wien; WGBll. 43 (1988), 93–114
298 – Schwimmen. Zur Geschichte einer Sportart in Wien; WGBll. 55, Beiheft 2 (2000)

Egger Rainer,
299 – Spanien und Österreich-Ungarn – militärische Beziehungen und Kriegsgefangenenwesen im Ersten Weltkrieg; WGBll. 52 (1997), 141–156

Ehalt Hubert Ch.,
300 – Das Wiener Schulwesen in der liberalen Ära; FB 1 (1978), 120–147

Ehmer Josef,
301 – Produktion und Reproduktion in der Wiener Manufakturperiode; FB 8 (1980), 107–132
302 – Volkszählungslisten als Quelle der Sozialgeschichte; WGBll. 35 (1980), 106–23

Eichinger Christine,
303 – Karikatur und Satire im Kampf um die Rechte des Proletariats. Ein Beitrag zum Zeitschriftenwesen der Sozialdemokratie in der zweiten Hälfte des 19. Jahrhunderts; JbVGStW 38 (1982), 139–170

Eigner Peter,

s. a. 135

Eigner Peter/**Matis** Herbert/**Resch** Andreas,
304 – Sozialer Wohnbau in Wien. Eine historische Bestandsaufnahme; JbVGStW 55 (1999), 49–100

Elmar Albert,

305 – Demetrius Michalowitsch Fürst von Galitzin; WGBll. 33 (1978), 77–82

306 – Der „Schirachbunker" im Gallitzinberg; WGBll. 34 (1979), 133–138

307 – Das Fürstengeschlecht der Montleart; WGBll. 37 (1982), 224–232

308 – Ottakring und der Weinbau; WGBll. 40 (1985), 104–109

Engelbrecht Helmut,

309 – Wien und die sogenannte Kinderlandverschickung; JbVGStW 57/58 (2001/2002), 25–112

Engerth Ruediger,

310 – Eduard Ritter von Engerth (1818–1897). Maler, Lehrer, Galeriedirektor und Kunstschriftsteller. Beiträge zu Leben und Werk; FB 26 (1994)

Englisch Franz,

s. 740

Ernst Peter,

311 – Wiener Literaturgedenkstätten: Theater und Kaffeehäuser; WGBll. 45 (1990), 145–156

Ertl Birgit/**Ertl** Thomas,

312 – Sonne und Mond. Die Turmbekrönung am Stephansdom zwischen den zwei Türkenbelagerungen; WGBll. 52 (1997), 65–81

Exenberger Herbert,

313 – Die Arbeiterbüchereien der Stadt Wien nach dem März 1938; FB 2 (1978), 237–247

Faber Elfriede,

314 – Der Hof zu St. Ulrich. Ein Beitrag zur Geschichte des 7. Wiener Gemeindebezirks; JbVGStW 44/45 (1989), 27–50

315 – Neues aus dem mittelalterlichen St. Ulrich; JbVGStW 52/53 (1996/97), 89–99

316 – „... wir armen capuziner zu Wien vor der Statt ...". Die Geschichte des Kapuzinerklosters in St. Ulrich von seiner Gründung im Jahre 1600 bis zu seiner Aufhebung 1811; JbVGStW 54 (1998), 57–78

317 – Unbekannte Kunstwerke vom Spittelberg; WGBll. 41 (1986), 169–179

318 – Schotten gegen Piaristen, eine Auseinandersetzung am Neubau; WGBll. 49 (1994), 103–106

319 – Bezirksmuseum Josefstadt; WGBll. 56, Beiheft 4 (2001)

Fassmann Heinz,

320 – Zur Altersverteilung und Zuwanderungsstruktur der Wiener Bevölkerung um die Mitte des 19. Jahrhunderts; WGBll. 35 (1980), 124–149

Fechner Gertrude,

321 – Johann Basilius Küchelbecker über Wien und die Österreicher; WGBll. 42 (1987), 45–53

Feldbauer Peter,

322 – Die Wohnverhältnisse der Unterschichten im Franzisko-Josephinischen Wien. Thesen und Probleme; JbVGStW 34 (1978), 358–389

Feldbauer Peter/**Pirhofer** Gottfried,

323 – Wohnungsreform und Wohnungspolitik im liberalen Wien?; FB 1 (1978), 148–190

Feldbauer Peter/**Stekl** Hannes,

324 – Wiens Armenwesen im Vormärz; FB 8 (1980), 175–201

Feller Barbara,

s. 97

Fellner Franz,

325 – „Verfall" und Wiederentdeckung der Mandoline in Wien. Zur Kultur- und Sozialgeschichte eines Instruments im 19. Jahrhundert; WGBll. 51 (1996), 73–94

Fenesan Costin,

s. 714

Fischer Karl,

326 – Der Kartograph Daniel Suttinger (1640 – um 1690). Sein Leben und sein Werk im Rahmen der frühen Wiener Stadtkartographie; JbVGStW 47/48 (1991/92), 51–91

327 – Phantom Prikryl. Die Person des Rudolf Prikryl, die Legende vom „Drei-Tage-Bürgermeister" und der Amtsantritt Theodor Körners als Wiener Bürgermeister; JbVGStW 51 (1995), 265–298

328 – Blickpunkt Wien – Das kartographische Interesse an der von den Türken bedrohten Stadt im 16. Jahrhundert; JbVGStW 52/53 (1996/97), 101–116

329 – „Mit schüessen oder feuerwerckhen vom Sturm abtreiben...". Augustin Hirschvogels Vermessungsmethode und die Funktion seiner „Quadranten" (1547/49); JbVGStW 54 (1998), 79–104

330 – Die Vier im Jeep. Die Besatzungszeit in Wien 1945–1955; WGBll. 40, Beiheft 1 (1985)

331 – Der Wienerwald; WGBll. 44, Beiheft 2 (1989)

332 – Daniel Suttinger und der frühe Wiener Stadtplan; WGBll. 45, Beiheft 4 (1990)

333 – Der „Franziszeische Kataster"; WGBll. 47 (1992), 56–58

334 – Brände im Bereich der Wiener Hofburg; WGBll. 48 (1993), 45–52

335 – Der Generalstadtplan; WGBll. 49 (1994), 182–187
336 – Die Gedenkschriften aus dem Austriabrunnen; WGBll. 49, Beiheft 4 (1994), 25–29
337 – Historische Zeugnisse aus dem Jahr 1945; WGBll. 50 (1995), 106f.
338 – Die kartographische Darstellung Wiens bis zur Zweiten Türkenbelagerung; WGBll. 50, Beiheft 4 (1995), 8–28
339 – Streiflichter auf die Wien-Kartographie der letzten beiden Jahrhunderte; WGBll. 50, Beiheft 4 (1995), 38–45
340 – „Das ist die stat Wien". Vom albertinischen Plan zur Computerstadtkarte. Ein halbes Jahrtausend Wiener Stadtkartographie; WGBll. 50, Beiheft 4 (1995)
341 – Der Donauatlas Wien. Bemerkungen zu einem neuen Standardwerk; WGBll. 53 (1998), 137–141

s. a. 19, 20, 95, 1146, 1259, 1341, 1342, 1364

Fischer Peter G.,
342 – Wirtschaftliche Interessensvertretung vom „Ständestaat" zum „Führerstaat"; FB 2 (1978), 207–215

Flamm Dieter,
343 – Leben und Werk Ludwig Boltzmanns; WGBll. 49 (1994), 189–206

Fleger Erwin,

s. 635

Flich Renate,
344 – Der Fall Auguste Fickert – eine Lehrerin macht Schlagzeilen; WGBll. 45 (1990), 1–24

Förster Wolfgang,
345 – Bauen für eine bessere Welt? Von den Frühsozialisten zur Kurzarbeitersiedlung; FB 12 (1983), 61–76

Friedrich Margret,
346 – Versorgungsfall Frau? Der Wiener Frauen-Erwerb-Verein – Gründungszeit und erste Jahre des Aufbaus; JbVGStW 47/48 (1991/92), 263–308

Friesen Ilse E.,
347 – Die Humanisten-Epitaphien im Dom von St. Stephan und die Anfänge der Renaissance-Skulptur in Wien; WGBll. 44 (1989), 53–77

Gaal-Cahak Elfriede,
348 – Zur Biographie des Wiener Komponisten Rudolf Kronegger (1875–1929); WGBll. 54 (1999), 43–58
349 – Das Familienbüchlein der Amalie Hornbostel. Ein Beitrag zur Geschichte einer Wiener Fabrikantenfamilie; WGBll. 56 (2001), 27–52

350 – Der Trauergestus. Zeichen der Trauer und des Schmerzes; WGBll. 56 (2001), 228–244

Ganster Ingrid,

351 – Vom Lichtspieltheater zum Kinocenter. Wiens Kinowelt gestern und heute; WGBll. 57, Beiheft 1 (2002)

Ganster Ingrid/**Kretschmer** Helmut,

352 – Allweil lustig, fesch und munter. Altwiener Volks- und Natursänger; WGBll. 51, Beiheft 2 (1996)

Gantner Christian,

353 – Vom Bach zum Bachkanal. Die Als. Die Geschichte eines Wasserlaufes; WGBll. 46, Beiheft 4 (1991)

354 – Vom Bach zum Bachkanal. Am Krottenbach. Auf den Spuren einer historischen Landschaft; WGBll. 52, Beiheft 4 (1997)

Ganzinger Kurt,

355 – 200 Jahre Wiener Allgemeines Krankenhaus. Arzneimittelwesen und Krankenhausapotheke; WGBll. 39 (1984), 49–66

356 – Salomon Kleiners Entwurfserie aus der Apotheke „Zum roten Krebs“ in pharmaziehistorischer Sicht; WGBll. 42 (1987), 96–107

Garretson Edwin P.,

357 – Die Landständische Akademie in Wien. Geschichte der Institution und Programm der Fassade des Bauwerks; WGBll. 34 (1979), 113–124

Gerken Claudia,

358 – Die Pieta im Oeuvre Michelangelos. Meilensteine in der Entwicklung eines Motivs am Beispiel zweier Blätter aus der Graphischen Sammlung der Albertina; WGBll. 54 (1999), 220–234

Glaser Ernst,

359 – Die „Russische Stunde“ in Radio Wien (1945 -55). Ein Beitrag zum Problem der sowjetischen Medienpräsenz in Österreich; WGBll. 46 (1991), 1–12

Godsey William D. jun.,

360 – Fragment einer Biographie. Nikolaus Horthy de Nagybanya und der Wiener Hof; WGBll. 57 (2002), 321–328

Goebl-Streicher Uta,

361 – Biographisches zur Familie Streicher; WGBll. 48 (1993), 32–38

Goldinger Walter,

362 – Das Domkapitel zu St. Stephan in der Humanistenzeit; JbVGStW 34 (1978), 89–105

Goldmann Friederike,

363 – Das österreichische Städtebuch – eine unendliche Geschichte?; PCA NF, Heft 1 (1996), 67f.

Grössing Helmut,
364 – Astronomus poeta. Georg von Peuerbach als Dichter; JbVGStW 34 (1978), 54–66
365 – Humanismus und Naturwissenschaften in Wien zu Beginn des 16. Jahrhunderts; JbVGStW 35 (1979), 123–134
366 – Celtis in Wien; JbVGStW 47/48 (1991/92), 7–16
367 – Wiener Astronomen und Mathematiker des 15. und beginnenden 16. Jahrhunderts und ihre Instrumente; WGBll. 38 (1983), 149–162
368 – Entwicklungslinien der Kartographie bis zum Anfang des 16. Jahrhunderts; WGBll. 50, Beiheft 4 (1995), 3–7

Grüll Martha,
369 – Die Reformierte Stadtkirche in der Dorotheergasse; FB 16 (1986), 105–117

Gudenus Philipp,
370 – Mitsuko oder Mitsu?; WGBll. 44 (1989), 197f.
371 – Barbara Roux, geb. Moser (1744–1808). Die „Hausherrin“ der Familie Grillparzer in ihren familienkundlichen Daten.; WGBll. 53 (1998), 270f.
372 – Joseph Roux (1728–1776). Ein bürgerlicher Großhändler aus Araches (Savoyen) in seinen familienkundlichen Daten; WGBll. 55 (2000), 248f.

Habacher Maria,
373 – Dr. Karl Ludwig Freiherr von Reichenbach in Wien. Zur Wiederkehr seines 200. Geburtstages am 12. Februar 1988; JbVGStW 44/45 (1989), 51–91
374 – Das k. k. Fabriksprodukten-Kabinett in Wien (1806–1815). Zur Frühzeit technologisch-gewerblicher Sammlungen; JbVGStW 50 (1994), 105–171

Hadamowsky Franz,
375 – Wien. Theatergeschichte. Von den Anfängen bis zum Ende des Ersten Weltkrieges; GStW, Bd. III (1988)
376 – Die ältesten deutschen Volksschauspiele aus dem Wiener Jesuitentheater (1573 und 1574); JbVGStW 46 (1990), 25–65
377 – Magdalena. Wiener Marionettenspiel – Comoedi mit Hanswurst von Franz Michael Alwentz (1766); JbVGStW 47/48 (1991/92), 17–31

Hadriga Franz,
378 – Anton Wildgans – Burgtheaterdirektor und Dichter. Zum 60. Todestag am 3. Mai 1992; WGBll. 47 (1992), 109–117
379 – Die Trautson in Wien; WGBll. 51 (1996), 57–65

Häusler Wolfgang,
380 – Von der Manufaktur zum Maschinensturm. Industrielle Dynamik und sozialer Wandel im Raum von Wien; FB 8 (1980), 32–56

381 – Aus den Briefen Faust Pachlers (1819–1891). Ein Beitrag zur Geschichte der Wiener Revolution von 1848; JbVGStW 34 (1978), 239–275

382 – „Die Wiener in Berlin" – „Berliner in Wien". Großstadtbild und -stereotyp bei Karl von Holtei (1798–1880) und seinen Zeitgenossen; JbVGStW 52/53 (1996/97), 117–146

383 – Ein unbekannter Aufruf Robert Blums aus der Wiener Oktoberrevolution 1848; WGBll. 33 (1979), 174–187

Haiko Peter,

s. 1278

Hajos Geza,

384 – Kunsthistorische Betrachtungen zur Favorita; FB 5 (1979), 58–70

Haller-Reiffenstein Brigitte,

385 – Zu den Aufenthalten Friedrichs III. in Wien; WGBll. 48 (1993), 79–100

Hann Edith,

386 – Herrenkleider-Magazin Jacob Rothberger. Eine Fallstudie zur Entwicklung der Wiener Herrenkonfektion; FB 20 (1990), 85–122

Harl Ortolf,

387 – Die Ausgrabungen im ehemaligen Himmelpfortkloster; JbVGStW 34 (1978), 9–23

388 – Römerzeitliche Figurengefäße vom pannonischen Limes; WGBll. 32 (1977), 249–261

389 – Der Stock im Eisen. Restaurierung, Beschreibung, technisch-physikalische Untersuchung; WGBll. 32, Sonderheft 1 (1977), 4–15

390 – Die Brunnen auf dem Stock-im-Eisen-Platz; WGBll. 32, Sonderheft 1 (1977), 23–27

391 – Die Ergebnisse der Untersuchungen; WGBll. 32, Sonderheft 1 (1977), 67–70

392 – Ausgrabungen in Wien 10, Unterlaa, 1974–1978; WGBll. 34, Beiheft 2 (1979)

393 – Die römische Epoche; WGBll. 36 (1981), 165–174

394 – Zu den Ereignissen um die Jahrtausendwende; WGBll. 36 (1981), 202–207

Harl Ortolf/**Lohrmann** Klaus,

395 – Johanna Haberl, Favianis, Vindobona und Wien. Eine archäologisch-historische Illustration zur Vita S. Severini des Eugippius. Leiden E. J. Brill 1976, 224 Seiten, 54 Abb., 1 Tafel; WGBll. 33 (1978), 27–38

Hartl Friedrich,

396 – Pax et Securitas. Das Asylrecht in Österreich, dargestellt aus Wiener Quellen; JbVGStW 32/33 (1976/77), 42–62

Hartl Hans,
397 – Seidenzeugmacher vom Neubau; WGBll. 32 (1977), 184–187

Hartl Karl,
398 – Die Situation im Wiener Film; FB 2 (1978), 273–276

Hauer Nadine,
399 – Politischer Stadtführer durch Wien 1918–1945; WGBll. 45 (1990), 121–144

Haupt Herbert,
400 – Der Versuchung erlegen. Das Kunsthistorische Museum unter nationalsozialistischer Herrschaft 1938 bis 1945; JbVGStW 51 (1995), 93–142
401 – Johann Georg Bramer von Brams, Kammergoldschmied Kaiser Ferdinands III. ; WGBll. 33 (1978), 193–205
402 – Das unausgeführte Projekt eines kaiserlichen Hofstallgebäudes aus dem Jahre 1659; WGBll. 39 (1984), 149–158
403 – Ein „Fensterwagen" der Bequemlichkeit halber. Ein Beitrag zur Kulturgeschichte des Wagenbaues im 17. Jahrhundert; WGBll. 44 (1989), 21–29

s. a. 1365

Hauptner Rudolf,
404 – Das „Luftschutz-Raumnetz Innere Stadt" in Wien 1944/1945; WGBll. 50 (1995), 96–104
405 – Wien 1683 – Modell ethischen Handelns. Die Stadtbefestigung von 1529 bis 1683; WGBll. 56 (2001), 147–160
406 – Zur Baugeschichte der Flaktürme in Wien; WGBll. 57 (2002), 107–136

Havelka Hans,
407 – Zentralfriedhof; BKF 30 (1983)

Hehn Klaus,
408 – Musik in der reformierten Stadtkirche; FB 16 (1986), 118–123

Heilingsetzer Georg,
409 – Politik, Gesellschaft und Kultur im Jahre 1798. Die historischen Rahmenbedingungen von „Haydns Schöpfung"; WGBll. 54 (1999), 101–115

Hein Robert,
410 – Marchia, Raetia, Ottonen und Carolina als anschlußfreudige Studentenverbindungen im Jahre 1938?; WGBll. 37 (1982), 112–114

Heindl Gerhard,
411 – Zwischen Physis und Psyche. Zum 75. Geburtstag des Wiener Physikers, Technikers und Parapsychologen Hellmut Hofmann; WGBll. 51 (1996), 163–181
412 – Franz Seitelberger – 80 Jahre; WGBll. 51 (1996), 186–189

Heintschel Hans-Christian/**Payer** Peter/**Schwarz** Werner Michael,
413 – Der Duft der Stadt. Beiträge zu einer Geruchsgeschichte von Wien; WGBll. 51 (1996), 1–36

Heinz Markus/**Mokre** Jan,
414 – Über Joseph Daniel von Huber (1730/31–1788) und seinen Vogelschauplan von Wien; JbVGStW 47/48 (1991/92), 93–122

Heiss Gernot,

s. 62

Henz Rudolf,
415 – Das Ende der RAVAG. Ein Erlebnisbericht über die Märztage 1938; FB 2 (1978), 277–285

Herlitzka Ernst K.,
416 – 20 Jahre „Verein für Geschichte der Arbeiterbewegung"; WGBll. 34 (1979), 74

Herrmann Robert,
417 – Die Wiener Moralischen Wochenschriften. Zur Geschichte öffentlicher Kommunikation im 18. Jahrhundert; WGBll. 43 (1988), 114–121

Hetzer Walter,
418 – Gabriel Gutrater aus Laufen, Stadtschreiber von Wien 1506 bis 1521 und 1524 bis 1527, Bürgermeister von Wien 1522 bis 1524; FB 9 (1981), 114–130

s. a. 771

419 **Historische „Kommission Wien 1945"**; WGBll. 32, Sonderheft 2 (1977)

Hösl Wolfgang,
420 – Hintergründe, Ursachen und Anfänge der „Wiener Siedlungsbewegung" der Zwischenkriegszeit; JbVGStW 42 (1986), 61–88

Hösl Wolfgang/**Pirhofer** Gottfried,
421 – Wohnen in Wien 1848–1938. Studien zur Konstitution des Massenwohnens; FB 19 (1988)

Hoffmann Robert,
422 – Zwischen Wohnreform und Agrarromantik. Siedlungswesen und Siedlungsideologie in Österreich von der Jahrhundertwende bis zur Weltwirtschaftskrise; FB 12 (1983), 5–36

Horn Sonia,
423 – Wiener Gespräche zur Sozialgeschichte der Medizin. Stadtgeschichte und Medizingeschichte, Wiener Rathaus 5.–7. Dezember 1995; WGBll. 52 (1997), 57–60
424 – Von scharfen Messern und kalten Fingern. Dekonstruktion und Rekonstruktion der Medizingeschichte am Beispiel der

Anatomie in Wien im 15. Jahrhundert; WGBll. 57 (2002), 304–320

Hosch Hubert,

425 – Physiognomische Fragmente von und zu Franz Anton Maulbertsch (1724–1796). Zum 270. Geburtstag des Barockmalers aus Schwaben; WGBll. 49 (1994), 51–58

Huber Elfriede,

426 – Der „Augustiner-Turm" – ein Vorbericht; WGBll. 54 (1999), 316–319

Hülber Hans,

427 – Ritter Hans Steger, Bürgermeister von Wien; FB 7 (1980), 27–42

428 – Wolfgang Holzer, Bürgermeister zu Wien 1462/63; FB 7 (1980), 59–80

429 – Das Palais Wien 1., Weihburggasse 30; JbVGStW 40 (1984), 170–179

Hummelberger Walter,

430 – Die Wiener Tschechen und der „Anschluß"; FB 2 (1978), 293–303

Hüttl-Hubert Eva,

431 – Eine italienisch-polnische Begegnung in Wien; WGBll. 49 (1994), 37–45

Hye Hans Peter,

432 – Josef Bermanns Tagebücher (1835–1878). Eine Quelle zum frühen Wiener Vereinswesen; WGBll. 44 (1989), 118–127

Ingrisch Doris,

433 – „Wenn es Wirklichkeitssinn gibt, muß es auch Möglichkeitssinn geben". Über die Vertreibung historischer Möglichkeiten anhand exemplarischer Lebensgeschichten von Intellektuellen im Exil.; WGBll. 52 (1997), 11–35

Jäger-Sunstenau Hanns,

434 – Die Ehrenbürger und Bürger ehrenhalber der Stadt Wien. Im Gedenken an den österreichischen Historiker Karl Uhlirz, 1889–1903 Direktor des Wiener Stadtarchivs, gestorben 1914 als Universitätsprofessor in Graz; FB 23 (1992)

435 – Die Leidesdorfer. Eine Wiener Honoratiorenfamilie des 18. und 19. Jahrhunderts; JbVGStW 34 (1978), 192–203

436 – Wiener als Freunde des Ausseer Landes; WGBll. 34 (1979), 129f.

437 – Lorbeer am Äußeren Burgtor; WGBll. 42 (1987), 30–34

Jagschitz Gerhard,

438 – NSDAP und „Anschluß" in Wien 1938; FB 2 (1978), 147–157

Jary Walter/Ma Klaralinda/Psarakis Brigitta,
439 – Autographen aus drei Jahrhunderten; WGBll. 45, Beiheft 3 (1990)

Jöst Erhard,
440 – Bauernfeind und Schelmenpfaff. Zwei Wiener Schwankhelden aus dem Spätmittelalter; WGBll. 41 (1986), 101–114
441 – Das Wiener Neithartgrab. Der Versuch, eine Legende aufzuklären; WGBll. 55 (2000), 234–241

Johanek Peter,
442 – Tradition und Zukunft der Stadtgeschichtsforschung in Mitteleuropa; PCA NF, Sonderheft (1997), 37–62
443 – Die österreichische Stadtgeschichtsforschung zur mittelalterlichen Epoche. Leistungen – Defizite – Perspektiven. Heinrich Fichtenau zum Gedenken; PCA NF, Heft 5 (2000), 7–22

Just Thomas,
444 – So will ich dann ein trewloser, erloser und ubersagter man und poswicht sein. Kriminalität im Spiegel spätmittelalterlicher Wiener Urfehden; JbVGStW 56 (2000), 5–20
445 – „Lieber Barthel, laß mich leben, ich will dir all mein Docken geben". Das Vorgehen städtischer Obrigkeit in einem Fünffachmord 1500 in Wien; PCA NF, Heft 4 (1999), 7–17
446 – Das Wiener Pilgramhaus; WGBll. 51 (1996), 65–67

s. a. 1366–1368

Just Thomas/**Pils** Susanne Claudine,
447 – Die Entstehung der Unbarmherzigkeit. Randgruppen und Außenseiter in Wien vom Mittelalter bis ins 20. Jahrhundert; WGBll. 52, Beiheft 1 (1997)

Kapner Gerhardt,
448 – Traditionelle Kunstrezeption durch Hilfsarbeiter; JbVGStW 34 (1978), 477–493

Karigl Helmut,
449 – Die Stadtbahntrasse an der Roßauer Lände. Erfolg einer „Bürgerinitiative" des 19. Jahrhunderts; WGBll. 43 (1988), 7–13

Karner Peter,
450 – Evangelisch in Wien; FB 16 (1980), 212–217
451 – Die Gründung der Evangelischen Gemeinde H. C. zu Wien; FB 16 (1986), 46–65
452 – Mitglieder der reformierten Gemeinde; FB 16 (1986), 82–104
453 – Reformierte Pfarrer und Lehrer; FB 16 (1986), 124–155
454 – Gottesdienste; FB 16 (1986), 156–172
455 – Übertritte zu den Reformierten; FB 16 (1986), 173–176
456 – Der reformierte Lehrstuhl der evangelisch-theologischen Fakultät in Wien; FB 16 (1986), 177–187

457 – Evangelische Pfarrgemeinde H. B. Wien-Süd; FB 16 (1986), 188–193
458 – Kirche zwischen Kruckenkreuz und Hakenkreuz; FB 16 (1986), 199–211
459 – Ökumene in Wien; FB 16 (1986), 218–235
460 – Die evangelische Gemeinde H. B. in Wien; FB 16 (1986)
461 – 200 Jahre Evangelische Gemeinde H. B. in Wien; WGBll. 39, Beiheft 5 (1984)

Kassal-Mikula Renata,
462 – Otto Wagner und die mißlungene „Parallelaktion"; JbVGStW 52/53 (1996/97), 147–162

Kastner Richard H.,
463 – 75 Jahre Schubertpark. Zur Geschichte einer Wiener Kulturstätte; WGBll. 55 (2000), 134–141

Keil-Budischowsky Verena,
464 – Hundert Jahre Volkstheater Wien (1889–1989). Zum Jubiläum einer bedeutenden Wiener Bühne; WGBll. 44 (1989), 102–118

Keller Fritz,
465 – Walter Rafelsberger; WGBll. 57 (2002), 23–37

Kempter Klaus,
466 – Hermann Jellinek: Lehrjahre eines Revolutionärs (1846–1848). Dokumente zur sozialen Lage der vormärzlichen junghegelianischen Intelligenz; WGBll. 53 (1998), 182–195

Kiehn Michael,

s. 295

Kienzl Heinz,
467 – Der Austrokeynesianismus und die Remigration; FB 38 (2002), 21–24

s. a. 103

Kienzl Heinz/**Kirchner** Susanne,
468 – Ein neuer Frühling wird in der Heimat blühen. Erinnerungen und Spurensuche; FB 38 (2002)

Kienzl Heinz/**Pepper** Hugo/**Staribacher** Josef,
469 – Wieder daheim in Gewerkschaft und Arbeiterkammer; FB 38 (2002), 25–32

Kirchner Susanne,

s. 468

Klein Dieter,
470 – Architektonische Wechselbeziehungen zwischen Wien und Budapest im 19. Jahrhundert; WGBll. 47 (1992), 65–83
471 – 100 Jahre Streichergasse. Über das Aufschreiben von Erinnerungen; WGBll. 48 (1993), 2–4

472 – Zur Geschichte der Streichergasse und ihrer Umgebung; WGBll. 48 (1993), 4–8
473 – Das Fünferhaus – Gebäude und Bewohner; WGBll. 48 (1993), 12–20
474 – Kindheit in der Streichergasse nach dem Zweiten Weltkrieg; WGBll. 48 (1993), 30f.

Klenner Markus,
475 – Georg Sigl (1811–1877). Maschinenfabrikant in Wien; WGBll. 54 (1999), 272–280

Klestil Thomas,

s. 1115

Klötzl Gebhard,
476 – Zur Geschichte des „Altstadterhaltungskomplexes“ Ober-St.-Veit; WGBll. 52 (1997), 250–254

Klusacek Christine,
477 – Die Gleichschaltung der Wiener Bühnen; FB 2 (1978), 248–257
478 – Material der „Kommission Wien 1945“; WGBll. 32, Sonderheft 2 (1977), 78–97
479 – Wiener Historische Kommission. Tätigkeitsbericht 1975–1980; WGBll. 36, Beiheft 2 (1981)

s. a. Stimmer-Klusacek Christine

Klusacek Christine/**Stimmer** Kurt,
480 – Die Arbeit der „Kommission Wien 1945“; WGBll. 32, Sonderheft 2 (1977), 75f.

Koblizek Ruth,
481 – Das Spital der Israelitischen Kultusgemeinde Währinger Gürtel 97; WGBll. 53 (1998), 233–248
482 – Die Druckerei Franz Adametz (1929–1992). Lithographische Kunstanstalt, Stein-, Buch-, Offset-, Blech- und Spielkartendruckerei, Abziehbilderfabrik; WGBll. 56 (2001), 330–338

Koch Herbert,
483 – Wohnhaft in Wien. Geschichte und Bedeutung des Meldewesens; WGBll. 41, Beiheft 3 (1986)
484 – Das Meldearchiv; WGBll. 46 (1991), 41–44

Koch Herbert/**Kretschmer** Helmut,
485 – Anton Bruckner in Wien; WGBll. 51, Beiheft 3 (1996)

Köfler Barbara/**Sauer** Walter,
486 – Scheitern in Usambara. Die Meyer-Baumann’sche Expedition in Ostafrika 1888; WGBll. 53 (1998), 1–26

Köhbach Markus,
487 – Rückblick auf das Türkenjubiläumsjahr: Wissenschaftliche Veranstaltungen im In- und Ausland; WGBll. 39 (1984), 37f.

Koepf Hans,
488 – Bauhütte und Historismus. Dargestellt am Bau von Ferstels Votivkirche; WGBll. 34 (1979), 108–112

Kohl Gerald,
489 – „Welkende Sonnenblume“ oder „Erste Stadt von Europa“? Wiener Stimmungen zum städtischen Rang Wiens 1848; WGBll. 53 (1998), 157–181

Kohn Renate,
490 – Wiener Inschriftensammler vom 17. bis zum beginnenden 19. Jahrhundert; FB 32 (1998)
491 – Die Grabdenkmäler Kardinal Melchior Khlesls; JbVGStW 54 (1998), 105–125
492 – Eine bisher unbekannte Grabinschrift des Niclas Gerhaert von Leyden (+ 1473); WGBll. 48 (1993), 164–170
493 – Der Wiener Stephansdom als „österreichisches Pantheon“. Ein sensationeller Handschriftenfund im Oberösterreichischen Landesmuseum; WGBll. 56 (2001), 347–355

s. a. 772

Kollcr Karl,
494 – Bezirksmuseum Penzing; WGBll. 57, Beiheft 7 (2002)

Koller Manfred,

s. 283

Koller-Glück Elisabeth,
495 – Der alte Judenfriedhof in der Seegasse. Mit besonderer Berücksichtigung seines Schicksals während und nach der Zeit des Nationalsozialismus; WGBll. 47 (1992), 22–31

Konas Werner,
496 – Das Jugendstil-Theater Am Steinhof; WGBll. 36 (1981), 148–150

Kopcan Vojtech,
497 – Die tschechoslowakische Literatur zu den Türkenkriegen; FB 13 (1983), 79–97

Koplenig Hilde,
498 – Conrad Dominik Bartsch (1759–1817). Freimaurer und Journalist; WGBll. 32 (1977), 215–230;

Kovacs Elisabeth,
499 – Die Persönlichkeit des Wiener Fürsterzbischofs Vinzenz Eduard Milde im Spiegel der Historiographie. Anläßlich seines 200. Geburtstages am 11. 5. 1977; JbVGStW 34 (1978), 218–238
500 – Karl Alexander von Lothringen und der Wiener Hof; WGBll. 42 (1987), 151–159

Krasa Selma,
501 – Nochmals: das Kaiser-Franz-Monument; WGBll. 33 (1978), 86
502 – Der Bildhauer Hanns Gasser im Revolutionsjahr 1848; WGBll. 53 (1998), 196–204

Kratochwill Max,
503 – Ein Bericht zu einem Verfahren gegen Johann Andreas von Liebenberg; JbVGStW 34 (1978), 149–164
504 – Niclas Meldemans „berühmter Maler"; WGBll. 33 (1978), 84f.
505 – Die „Afrikanische Gesellschaft in Wien" (1876–1885); WGBll. 46 (1991), 70–74
506 – Gedenken an Richard Buchta; WGBll. 49 (1994), 108f.

s. a. 1094, 1095, 1129, 1275, 1276

Krauss-Wienner Ludwig,
507 – Nochmals: Marchia, Raetia, Ottonen und Carolina; WGBll. 37 (1982), 232

Kreijci Herbert,
508 – Zurück an die Redaktionstische; FB 38 (2002), 38–41

Krejci Karl,
509 – Zur Geschichte des Wiener Naschmarktes; WGBll. 32 (1977), 188
510 – Heiligengeistmühle – Bärenmühle. Zur Klärung der Standorte der beiden Mühlen seit dem 17. Jahrhundert; WGBll. 33 (1978), 208f.
511 – Die Vorstadt Wieden um 1470; WGBll. 34 (1979), 30–33
512 – Bürgermeister Andre Hiltprant von Meran als Mühlenbesitzer auf der Wieden; WGBll. 34 (1979), 138
513 – Angerfelderhof – Schaumburgerhof – Favorita. Ein Beitrag zur Geschichte des Theresianums und des Schaumburgergrundes; WGBll. 36 (1981), 87–94

s. a. 590

Kretschmer Helmut,
514 – XVIII. Währing; BKF 18 (1982)
515 – XIX. Döbling; BKF 19 (1982)
516 – XVII. Hernals; BKF 17 (1983)
517 – Konfrontation amtlicher und privater Darstellungen bei der Beurteilung historischer Ereignisse. Dargestellt am Beispiel Wien 1945; JbVGStW 41 (1985), 156–177
518 – Bruckneriana im Wiener Stadt- und Landesarchiv; JbVGStW 52/53 (1996/97), 163–178
519 – Bestände des Wiener Stadt- und Landesarchivs zum Jahr 1945; WGBll. 32, Sonderheft 2 (1977), 98–102
520 – Franz Schubert – Zeitgenossen und Freundeskreis; WGBll. 33 (1978), 49–64
521 – Theaterbrände in Wien; WGBll. 36, Beiheft 7 (1981)

522 – Archivausstellung: „Joseph Haydn in Wien"; WGBll. 37 (1982), 115

523 – Die Goldene und Silberne Ära der Wiener Operette; WGBll. 38 (1983), 163f.

524 – Johannes Brahms und seine Zeit; WGBll. 38 (1983), XXXf.

525 – Richard Wagner in Wien; WGBll. 38, Beiheft 1 (1983)

526 – Wiener Staatsoper 1933 (Schallplattenpräsentation); WGBll. 39 (1984), 35

527 – Die Wiener Operndirektoren von 1869 bis zur Gegenwart; WGBll. 39 (1984), 89–94

528 – Musikinstrumentenbau in Wien; WGBll. 41 (1986), 85–87

529 – Hotelboom – gestern und heute; WGBll. 43 (1988), 71–79

530 – Verschwundene Wiener Theater; WGBll. 43, Beiheft 1 (1988)

531 – Aus der Geschichte des Flugwesens in Wien; WGBll. 46, Beiheft 1 (1991)

532 – 800 Jahre Erdberg; WGBll. 47, Beiheft 1 (1992)

533 – Der Demel in Wien; WGBll. 48 (1993), 106–111

534 – Ende und Anfang. Wien um 1918; WGBll. 48, Beiheft 3 (1993)

535 – Zum 50. Todestag von Anton Webern; WGBll. 50 (1995), 169f.

536 – Wiener Schubert-Gedenkstätten; WGBll. 52, Beiheft 2 (1997)

537 – Die Ehrenmitgliedschafts-Urkunde der Gesellschaft der Musikfreunde in Wien für Johann Strauß Sohn; WGBll. 54 (1999), 71f.

538 – Wien und die Musikerdynastie Strauß; WGBll. 54, Beiheft 1 (1999)

539 – Musik in Wien. Orchester, Vereine, Institutionen; WGBll. 55, Beiheft 3 (2000)

540 – Gasometer in Wien. Industrie- und Technikdenkmale im Wandel der Zeit; WGBll. 56, Beiheft 1 (2001)

541 – Aus den Jugendtagen des Wiener Walzers. Joseph Lanner und sein Umfeld; WGBll. 56, Beiheft 2 (2001)

542 – Wiener Theater und ihre Schauspieler; WGBll. 57, Beiheft 2 (2002)

s. a. 352, 485, 1143

Kretschmer Helmut/**Tschulk** Herbert,

543 – Brände und Naturkatastrophen in Wien; WGBll. 50, Beiheft 1 (1995)

Kreutel Richard F.,

544 – Der Schädel des Kara Mustafa Pascha; JbVGStW 32/33 (1976/77), 63–77

Kubalek Johannes,

s. 149

Kubinyi András,

545 – Die Pemfflinger in Wien und Buda. Ein Beitrag zu wirtschaftlichen und familiären Verbindungen der Bürgerschaft in den

beiden Hauptstädten am Ausgang des Mittelalters; JbVGStW 34 (1978), 67–88
546 – Die Wiener Regierung des Königs Matthias Corvinus; WGBll. 45 (1990), 88–99

Kucera Josef,
547 – Kommunale Ausgaben und deren Finanzierung 1861–1891; FB 1 (1978), 44–61

Kunt Metin,
548 – Türkische Beiträge zur Untersuchung der Beziehungen zwischen dem Osmanischen und dem Habsburger Reich; FB 13 (1983), 165–183

Kutschera Hans,
549 – Die Erstnennung von Erdberg; WGBll. 48 (1993), 112

La Speranza Marcello,
550 – Wiener Luftschutzräume; WGBll. 52 (1997), 35–49

Lachs Thomas,
551 – Über seine Eltern Minna und Ernst Lachs; FB 38 (2002), 83–88

Ladenbauer-Orel Hertha,
552 – Mittelalterliche Quellen zur römischen Lagermauer von Vindobona; WGBll. 39 (1984), 67–79
553 – Markt, Burg, Kirche und der Donauhafen im frühen Wien. Ein Beitrag über das Erbe der Römer für das Werden der Stadt; WGBll. 54, Beiheft 2 (1999)

Laferl Christopher F.,
554 – „En tierra ajena..." Spanier in Wien zur Zeit Ferdinands I. (1522–1564); WGBll. 52 (1997), 1–14

Laichmann Michaela,
555 – Die kaiserlichen Hunde. Das Rüdenhaus zu Erdberg in der Organisation der kaiserlichen Jägerei in Niederösterreich 16. bis 18. Jahrhundert; FB 34 (2000)
556 – Bäche und Flüsse Wiens; WGBll. 48, Beiheft 2 (1993)
557 – Stücke aus der Patentesammlung; WGBll. 51 (1996), 189f.
558 – Dokumente zum Leben des Ringstraßenarchitekten Friedrich von Schmidt; WGBll. 53 (1998), 279–281
559 – Hunde in Wien. Geschichte des Tieres in der Großstadt; WGBll. 53, Beiheft 1 (1998)

Landesmann Peter,
560 – Die Konsistorialverfassung – ein nicht erfüllter Wunsch der Wiener Orthodoxie; WGBll. 54 (1999), 306–310

Lang Anton,
561 – Vom Nikolsdorfer Friedhof zum Waldmüllerpark. Ein Beitrag zur Geschichte des katholischen Matzleinsdorfer Friedhofes in Wien-Favoriten; JbVGStW 44/45 (1989), 92–153

Lassacher Martina,

562 – Die Wiener Naschmarktküche; WGBll. 52 (1997), 166–180

Lebensaft Elisabeth/**Mentschl** Christoph,

563 – Exil in Shanghai. 2. Gedenkdiensttagung: Flucht nach Shanghai. Vom Überleben österreichischer Juden in einer asiatischen Metropole 1938–1949, Salzburg, 26. –28. Mai 1995; WGBll. 50 (1995), 173–175

Lebensaft Elisabeth/**Reitterer** Hubert,

564 – Wurzbach-Aspekte; WGBll. 47 (1992), 32–44

Lechner Gregor Martin,

565 – Salomon Kleiners Entwurfserie zur Roten Krebsen-Apotheke in Wien; WGBll. 42 (1987), 81–96

Lehne Andreas,

566 – Jugendstil in Wien; BKF 31 (1985)

567 – Die kulturelle Bedeutung des Warenhauses; FB 20 (1990), 3–55

568 – Wiener Warenhäuser 1865–1914. Mit Beiträgen von Gerhard Meißl und Edith Hann; FB 20 (1990)

Lehner Georg,

569 – Der „Boxeraufstand" im Spiegel der Wiener humoristisch-satirischen Presse; WGBll. 54 (1999), 81–101

Lehner Peter Ulrich,

570 – Eine verspätete Moderne. Wien als geschichtlicher Standort des Versicherungswesens; JbVGStW 56 (2000), 21–53

Leidinger Hannes,

s. 662, 663

Leisching Peter,

571 – Drei Wiener Theaterabende im August 1872. Tagebuchnotate des Theaterkritikers Hugo Wittmann; WGBll. 48 (1993), 41–44

572 – Die Drechslerei Franz Paal 1828–1863. Aufstieg und Fall eines Handwerksbetriebes im Alten Wien; WGBll. 52 (1997), 103–121

Lemmel Gerhard/**Lemmel** Hans-Dietrich,

573 – Hans Lemmel in Wien: Handelsmann – Ratsherr – Protestant. Ein Beitrag zur Geschichte des Protestantismus in Wien; WGBll. 35 (1980), 69–81

Lemmel Hans-Dietrich,

s. 572

574 **Die letzte Ruhestätte Theodor Georg Ritter von Karajans** (Briefwechsel des Vereins für Geschichte der Stadt Wien mit der MA 7); WGBll. 33 (1978), 161f.

Lewin Andre,
575 – Die französische Botschaft in Wien. Geschichte des Hauses am Schwarzenbergplatz mit Anekdoten zu Botschaftern Frankreichs aus vier Jahrhunderten; FB 28 (1995)

Liebert Erwin,
576 – Zwingli in Wien; FB 16 (1980), 6–13

Liebhart Heide,

s. 715

Lienhart Otto,
577 – Erinnerungen an das Jahr 1848; WGBll. 40 (1985), 21–23
578 – Gregor Maximilian Gruber. Sein Leben und seine Verdienste um die Geschichtsforschung und ihre Hilfswissenschaften; WGBll. 54, Beiheft 5 (1999)

Lilla Joachim,
579 – Die Erörterungen zur Neubesetzung der Gauleiterstelle in Wien 1939/40 und 1943/44; JbVGStW 57/58 (2001/2002), 113–124

Littger Klaus Walter,
580 – Die Titelblätter des „Hortus Eystettensis" in der Tradition der Pflanzenbücher des 16. und frühen 17. Jahrhunderts; WGBll. 56 (2001), 53–70

Lohrmann Klaus,
581 – Die alten Mühlen an der Wien; BKF 26 (1980)
582 – Überblick über die Siedlungsgeschichte des Wiener Raumes; FB 10 (1981), 19–26
583 – Die Besitzgeschichte des Wiener Raums vom Ausgang des 11. bis zur Mitte des 12. Jahrhunderts; JbVGStW 35 (1979), 38–77
584 – Judenschaden, Marktschutzrecht und Pfanddarlehen im Wiener Stadtrechtsbuch; JbVGStW 47/48 (1991/92), 213–228
585 – Wien im Frühmittelalter. Legende und Wahrheit; WGBll. 36, Beiheft 5 (1981)
586 – Wiens Stadtbild nach 1683. Kontinuität oder Wende; WGBll. 38, Beiheft 3 (1983)
587 – Wiener Sportler bei den Olympischen Spielen vor dem Ersten Weltkrieg; WGBll. 39 (1984), 133–140
588 – Die rechtliche und soziale Situation der Wiener Geigenbauer; WGBll. 40 (1985), 33–40
589 – Zur Geschichte des Stock-im-Eisen-Platzes. Funktion und Gestaltung; WGBll. 41 (1986), 1–18
590 – Juden im mittelalterlichen Wien; WGBll. 49, Beiheft 1 (1994)

s. a. 150, 395

Lohrmann Klaus/**Krejci** Karl,
591 – 1529 – Schicksalsjahr für die Wieden; WGBll. 34, Beiheft 3 (1979)

Lohrmann Klaus/**Opll** Ferdinand,

592 – Regesten zur Frühgeschichte von Wien; FB 10 (1981)

Macek Jaroslav,

593 – Kaspar Zdenko Kaplir von Sullowitz (1611–1686); JbVGStW 39 (1983), 7–68

Machacek Rudolf,

594 – Über Wilhelm Rosenzweig – Das Leben eines Kronjuristen; FB 38 (2002), 89–91

Maderthaner Wolfgang/**Musner** Lutz,

595 – Vorstadt – die entern Gründ´ der Moderne; JbVGStW 52/53 (1996/97), 195–228

Maderthaner Wolfgang/**Troch** Harald,

596 – Archive der Arbeiterbewegung; WGBll. 54, Beiheft 4 (1999)

März Eduard,

597 – Wirtschaftliche Aspekte der Annexion Österreichs durch das Dritte Reich; FB 2 (1978), 197–206

März Sigrid,

598 – Die Autobiographie des Dr. Friedrich Pernitza. Ein Beitrag zu „bürgerlichen Lebenswelten" des 19. und 20. Jahrhunderts; WGBll. 51 (1996), 95–113

Maimann Helene,

599 – Die Reaktionen der Auslandspresse auf den „Anschluß" Österreich an das Deutsche Reich; FB 2 (1978), 116–125

Ma-Kircher Klaralinda,

600 – „... eine geradezu unerhörte Geschichte". Anmerkungen zu einer „anderen Geschichte" bei Fritz von Herzmanovsky-Orlando; JbVGStW 52/53 (1996/97), 179–194

601 – Hans Pemmer zum 100. Geburtstag (22. Juli 1886 – 5. Mai 1972); WGBll. 41 (1986), 147f.

602 – „... der Moderne kein Zugeständnis ...". Zum literarischen Werk Hermann Hangos (1861–1934); WGBll. 49 (1994), 163–175

s. a. 439

Ma-Kircher Klaralinda/**Psarakis** Brigitta,

603 – „... ein ungeheurer herrlicher Garten ...". Wien aus der Sicht ausländischer Besucher vom 15. bis zum 19. Jahrhundert; WGBll. 43, Beiheft 3 (1988)

604 – Akkreditiert in Wien. Zum Gesandtschaftswesen in unserer Stadt; WGBll. 51, Beiheft 1 (1996)

605 – Reiselust – Ausgangspunkt Wien; WGBll. 52, Beiheft 3 (1997)

606 – Schwester der Freiheit – Lebensluft der Unschuld. Streiflichter auf Muße und Freizeit in Wien; WGBll. 57 (2002), 201–222

Malina Peter,
607 – Die „vergessenen Opfer“ des Nationalsozialismus in Wien. Ergebnisse einer fragmentarischen archivalischen Spurensuche; JbVGStW 51 (1995), 143–176

Malleier Elisabeth,
608 – Die Kriegsneurose in der Wiener Psychiatrie und Psychoanalyse; WGBll. 49 (1994), 206–220
609 – Das „Kaiserin Elisabeth-Institut für israelitische Krankenpflegerinnnen“ im Wiener Rothschild-Spital; WGBll. 53 (1998), 249–269

Mann Erwin,
610 – Anton Günther und die Wiener Dichterin Josepha von Hoffinger; WGBll. 32 (1977), 206–215

Marek Bruno,
611 – Erinnerungen an den 11. März 1938 in Mariahilf; FB 2 (1978), 88

Markus Georg,
612 – „Kehrt heim nach Österreich!“; FB 38 (2002), 42–47

Marosi Endre,
613 – Der ungarische Abwehrkampf gegen die Türken 1352–1718. Ein historischer Überblick; FB 13 (1983), 119–142

Martin Gunther,
614 – Die Wiener Erinnerungen des britischen Diplomaten Sir Horace Rumbold 1856–1858 und 1896–1900 (Übersetzungen aus dem Englischen und Kommentare); JbVGStW 36 (1980), 55–94

Masanz Michaela/**Nagl** Martina,
615 – Ringstraßenallee. Von der Freiheit zur Ordnung vor den Toren Wiens; FB 30 (1996)

Massiczek Albert,
616 – Die Situation an der Universität Wien März/April 1938; FB 2 (1978), 216–229

Matis Herbert,

s. 304

Matz Hans,

s. a. 988

Matz Hans/**Tschulk** Herbert,
617 – Fischerei im alten Wien; WGBll. 34, Beiheft 4 (1979)

Mayer Wolfgang,
618 – Die städtebauliche Entwicklung Wiens bis 1945. Hrsg. vom Verein für Geschichte der Stadt Wien. Katalog zur Ausstellung der Geschäftsgruppe Stadtplanung und des Wiener Stadt- und

Landesarchivs, Messepalast Halle P, 6. Dezember 1978 – 30. April 1979

619 – Spittelberg; BKF 27 (1981)

620 – V. Margareten; BKF 5 (1982)

621 – VII. Neubau; BKF 7 (1983)

622 – XII. Meidling; BKF 12 (1984)

623 – Die nationalsozialistische Gebietsreform; FB 2 (1978), 77–87

624 – Die Siegel der Wiener Ratsbürgerfamilien im Spätmittelalter. Mit besonderer Berücksichtigung der Bürgermeister Hans Scharffenperger, Hans Steger, Jacob Starch und Wolfgang Holzer; FB 7 (1980), 81–96

625 – Der Städtebau Wiens um die Jahrhundertwende; JbVGStW 34 (1978), 276–308

626 – Die städtebauliche Entwicklung Wiens bis 1945; Ausstellung des Wiener Stadt- und Landesarchivs und der Stadtplanung; WGBll. 33 (1978), 206

627 – Topographie von Wien; WGBll. 35 (1980), 82f.

628 – Meidling. Vom Vorort zum Bezirk; WGBll. 35, Beiheft 3 (1980)

629 – Rückblick auf Veranstaltungen zum Gedenken 50 Jahre Februar 1934; WGBll. 40 (1985), 28–30

630 – Der Khleslplatz in Altmannsdorf; WGBll. 41 (1986), 130–137

631 – Der Linienwall. Von der Befestigungsanlage zum Gürtel; WGBll. 41, Beiheft 2 (1986)

632 – Anton Behsel. Kartograph und Stadtbauinspektor in Wien; WGBll. 43, Beiheft 4 (1988)

633 – Wien im Spiegel des Fotoarchivs Gerlach. Stadtbild und Baugeschehen 1925–1972; WGBll. 45, Beiheft 2 (1990)

634 – Die Neugestaltung der Freyung; WGBll. 46 (1991), 77–84

s. a. 21, 151, 152

Mayer Wolfgang/**Fleger** Erwin/**Neiger** Kurt,

635 – Meidling. 90 Jahre bei Wien; WGBll. 37, Beiheft 1 (1982)

Mayer Wolfgang/**Stiepka** Anton,

636 – Ernst Arnold zum 100. Geburtstag; WGBll. 47, Beiheft 4 (1992)

Mayrhofer Fritz,

637 – Zu Beziehungen zwischen Wien und Linz im 14. Jahrhundert; JbVGStW 52/53 (1996/97), 229–247

638 – 30 Jahre Österreichischer Arbeitskreis für Stadtgeschichtsforschung; PCA NF, Heft 4 (1999), 83–85

s. a. 1245

Mayrhofer Fritz/**Schimböck** Maximilian,

639 – Im Dienste der Stadtgeschichtsforschung. Festgabe für Wilhelm Rausch zur Vollendung seines 70. Lebensjahres; PCA NF, Sonderheft (1997)

Medek Robert,

s. 1277

Meißl Gerhard,

640 – Industrie und Gewerbe in Wien 1835–1845. Branchenmäßige und regionale Strukturen und Entwicklungstendenzen im Spiegel der Gewerbeausstellungen von 1835, 1839 und 1845; FB 8 (1980), 75–106

641 – Altväterliches oder modernes Wien?; FB 20 (1990), 61–84

642 – Industriearbeit in Wien 1870–1913. Die zeitgenössische Industriestatistik als Quelle für die Analyse industriebetrieblicher Standortentwicklung und Arbeitsorganisation; JbVGStW 36 (1980), 174–229

643 – Modernisierung und Modularität. Die Entwicklung der Wiener Ökonomie zwischen 1890 und 1914 im Bild der kommunalen Statistik; JbVGStW 52/53 (1996/97), 249–275

644 – Fabriksort Metropole. Zur Konstruktion des Wiener Produktionsraumes von der frühen Neuzeit bis zum Ersten Weltkrieg; PCA NF, Heft 3 (1998), 17–32

645 – Vom Nutzen der Geschichte in Umweltfragen – ein „Altlastenkataster"; WGBll. 40 (1985), 164f.

646 – Industrie und Eisenbahn in Wien. Von den Anfängen bis 1938; WGBll. 42, Beiheft 5 (1987)

647 – Wiener Industrie und Gewerkschaften. Zwischen Konflikt und Kooperation vor dem Ersten Weltkrieg; WGBll. 46 (1991), 55–61

s. a. 47, 48, 49, 96

Melinz Gerhard,

648 – Die Christlichsoziale Partei Wiens: Von der Majorität zur Minorität und „Kerntruppe" der Vaterländischen Front. Eine parteigeschichtliche Annäherung; WGBll. 49 (1994), 1–14

Melinz Gerhard/**Ungar** Gerhard,

649 – Wohlfahrt und Krise. Wiener Kommunalpolitik zwischen 1929 und 1938; FB 29 (1996)

Melinz Gerhard/**Zimmermann** Susan,

650 – Getrennte Wege. Wohlfahrtspolitik und gesellschaftlicher Transformationsprozeß in Wien und Budapest zwischen den Weltkriegen; JbVGStW 50 (1994), 269–315

651 – Sozialpolitisierung der Fürsorge oder radikale Sozialreform? Kommunale Wohlfahrt in Budapest und Wien vor 1914; WGBll. 47 (1992), 84–100

652 – Zwischen Versorgung und „Verwahrlosung". Kinder- und Jugendfürsorge in Budapest und Wien im Zeitalter der Doppelmonarchie; WGBll. 50 (1995), 150–169

Mentschl Christoph,
s. 132, 562

Messner Robert,
653 – Die Innere Stadt Wien im Vormärz. Historisch-topographische Darstellung auf Grund der Katastralvermessung, 3 Bde.,Wien 1996–1998 (=Topographie von Alt-Wien, 7)
654 – Der Franziszeische Grundsteuerkataster. Ein Überblick über seinen Werdegang und sein Wirken (Teil 4); JbVGStW 32/33 (1976/77), 133–185
655 – Der Franziszeische Grundsteuerkataster. Ein Überblick über seinen Werdegang und sein Wirken (Teil 5); JbVGStW 36 (1980), 30–54

Mikoletzky Juliane,
656 – „Schwesterstadt“ und „Rivalin“: Das Image Berlins aus Wiener Sicht, 1870–1938; JbVGStW 47/48 (1991/92), 309–346

Mikoletzky Lorenz,
657 – Kaiser Ferdinand I. von Österreich und „seine“ Wiener; JbVGStW 52/53 (1996/97), 277–288

Mitterauer Michael,
658 – Bevölkerungsgeschichte und historische Familienforschung am Beispiel der Konskription der Stadt Wien 1857; WGBll. 35 (1980), 105f.

Moacanin Nenad,
659 – Die Türkenkriege des 16. -18. Jahrhunderts in der jugoslawischen Literatur nach 1945; FB 13 (1983), 143–164

Mokre Jan,
660 – Das große 18. Jahrhundert der Wiener Stadtkartographie; WGBll. 50, Beiheft 4 (1995), 29–37

s. a. 414

Morenz Ludwig,
661 – Historischer Verein und Stadtarchiv in Bayern; JbVGStW 34 (1978), 460–464

Moritz Verena/**Leidinger** Hannes,
662 – Im Schatten der Revolution. Die Heimkehrer aus russischer Kriegsgefangenschaft nach dem Ende des Ersten Weltkrieges; WGBll. 51 (1996), 229–264
663 – Otto Bauer 1914–1919. Kriegsgefangenschaft und Heimkehr als Problem einer Biographie; WGBll. 55 (1999), 1–21

Moser Jonny,
664 – Das Schicksal der Wiener Juden in den März- und Apriltagen 1938; FB 2 (1978), 172–182

Mras Gertrud,

s. 772

Mück Hans,
665 – Quellen zur Geschichte des Bezirks Alsergrund; FB 3 (1978)
666 – Das sogenannte „Rote Haus"; WGBll. 32 (1977), 238f.
667 – Wo wurde Josef Weinheber geboren?; WGBll. 33 (1978), 83f.
668 – Das Technologische Gewerbemuseum; WGBll. 36 (1981), 66–79

Mueller Wolfgang,
669 – Leuchtturm des Sozialismus oder Zentrum der Freundschaft? Das Sowjetische Informationszentrum im Wiener Porr-Haus: ein Instrument der Besatzungspolitik zwischen Volksbildung und Propaganda; ; WGBll. 55 (2000), 261–285

Müllbauer Edith,
670 – XXII. Donaustadt; BKF 22 (1985)

Murauer Rainer,
671 – Zur Frühgeschichte der Pfarren Stadlau und St. Agatha (Hausleiten); WGBll. 52 (1997), 82–103

Musner Lutz,

s. 595

Nagl Martina,

s. 615

Neiger Kurt,

s. 635

Nemeth Balazs,
672 – Die Evangelische Pfarrgemeinde H. B. Wien-West; FB 16 (1986), 194–198

Nemeth Ildiko,

s. 1203

Neugebauer Wolfgang,
673 – Der Aufbau des NS-Terrorapparates im Jahre 1938; FB 2 (1978), 126–135
674 – Die Klinik „Am Spiegelgrund" 1940–1945 – eine „Kinderfachabteilung" im Rahmen der NS-"Euthanasie"; JbVGStW 52/53 (1996/97), 289–305

Niederkorn Jan,
675 – Wiens Befestigungen im Jahr 1597. Ein Memorandum von Georg Basta mit Vorschlägen zu ihrer Verbesserung und zum Verhalten des kaiserlichen Heeres im Fall einer Belagerung durch die Türken; JbVGStW 42 (1986), 34–46

Noggler Lisa,
676 – Luft – ein undefinierbares „Es“? Zur Wahrnehmung von Luft und Luftverschmutzung im 19. Jahrhundert in Innsbruck; PCA NF, Heft 3 (1998), 33–42

Norden Gilbert,
677 – Tennis in Wien von 1878 bis zum Ersten Weltkrieg. Zur Entwicklung des Tennisvereinswesens und des Tennissports; WGBll. 50 (1995), 57–78

Obermaier Walter,
678 – Aus Johann Nepomuk Nestroys Familie. Dokumente und Aktenstücke; JbVGStW 52/53 (1996/96), 307–319

Österreicher Leopold,
679 – Beiträge zu den Ausgrabungen in Wien-Heiligenstadt; WGBll. 40 (1985), 162f.

Oggolder Christian,
680 – Abonnenten und Patrioten. Wiener Zeitungen im Juli 1914; JbVGStW 50 (1994), 191–228

Ogris Alfred,
681 – Zur Geschichte des Badens. Mit einem Exkurs über Warmbad Villach; WGBll. 33 (1978), 87–89

Opll Ferdinand,
682 – XXIII. Liesing; BKF 23 (1981)
683 – Die politisch-topographische Entwicklung des städtischen Zentrums; FB 10 (1981), 9–18
684 – Der Wiener Burgfried. Studien zum Kompetenzbereich des Magistrats vor und nach der Türkenbelagerung von 1683; FB 15 (1985)
685 – Die Entwicklung des Wiener Raumes bis in die Babenbergerzeit; JbVGStW 35 (1979), 7–37
686 – Studien zur Versorgung Wiens mit Gütern des täglichen Bedarfs in der ersten Hälfte des 19. Jahrhunderts; JbVGStW 37 (1981), 50–87
687 – Das älteste Wiener Rathaus; JbVGStW 46 (1990), 107–122
688 – Zur spätmittelalterlichen Sozialstruktur von Wien; JbVGStW 49 (1993), 7–87
689 – St. Maria bei St. Niklas vor dem Stubentor; JbVGStW 50 (1994), 13–81
690 – Das Wiener Stadtarchiv im Krieg und in der Nachkriegszeit; JbVGStW 51 (1995), 177–208
691 – „Iter Viennese Cristo auspice et duce“. Wien im Reisetagebuch des Tilemann Stella von 1560; JbVGStW 52/53 (1996/97), 321–360
692 – Heiligenfest und Feiertag. Untersuchungen zum Stellenwert und zur Bedeutung der Tage im Jahreszyklus des spätmittelalterlichen Wien; JbVGStW 54 (1998), 127–214

693 – Das Antlitz der Stadt Wien am Ende des Mittelalters. Bekanntes und Neues zu den „Wien-Ansichten“ auf Tafelbildern des 15. Jahrhunderts; JbVGStW 55 (1999), 101–145

694 – Was ist Wien? Studien zur städtischen Identität in Spätmittelalter und Früher Neuzeit (13. bis frühes 18. Jahrhundert); JbVGStW 57/58 (2001/2002), 125–196

695 – Bericht über die Tagung „Stadt und Wein“ des österreichischen Arbeitskreises für Stadtgeschichtsforschung, Klosterneuburg, 16. -19. Mai 1995; PCA NF, Heft 1 (1996), 69–71

696 – Präsentation des italienischen Städteatlas (Atlante storico delle citta italiane) von Bologna; PCA NF, Heft 1 (1996), 71f.

697 – Österreichische Städteatlasarbeiten im europäischen Konnex; PCA NF, Heft 2 (1997), 81–88

698 – Standortbestimmungen zur österreichischen Stadtgeschichtsforschung. Vorbemerkung zu den Beiträgen von Peter Johanek, Karl Vocelka und Walter Schuster; PCA NF, Heft 5 (2000), 6

699 – Widmung an Felix Czeike. Zugleich eine Rückschau auf 25 Jahre Wiener Arbeiten des Ludwig-Boltzmann-Instituts für Stadtgeschichtsforschung; PCA NF, Heft 7 (2002), 3f.

700 – Markt im alten Wien; WGBll. 34 (1979), 49–73

701 – Österreichs Städtewesen im Mittelalter; WGBll. 34, Beiheft 1 (1979)

702 – Studien zur frühen Wiener Handelsgeschichte; WGBll. 35 (1980), 49–62

703 – Studien zur Entwicklung des 23. Wiener Gemeindebezirkes. Einrichtungen der technischen und sozialen Infrastruktur; WGBll. 36 (1981), 95–107

704 – Schloß (Alt) Erlaa - ein Werk Nikolaus Pacassis; WGBll. 36 (1981), 111

705 – St. Leopold im corvinischen Wien. Ein bisher unbekannter Beleg für die frühe Leopoldsverehrung in Wien; WGBll. 40 (1985), 59–63

706 – Matthias Corvinus und Wien (1485–1490); WGBll. 40, Beiheft 3 (1985)

707 – Zur Wiedereröffnung des „Cafe Central“; WGBll. 41 (1986), 180–185

708 – Italiener in Wien; WGBll. 42, Beiheft 3 (1987)

709 – Jubiläen am Stadtrand. 250 Jahre Bergkirche zu Rodaun – 150 Jahre Brauerei Liesing; WGBll. 43 (1988), 129–144

710 – Konflikt und Konfliktlösung im Rahmen der mittelalterlichen und frühneuzeitlichen Stadt; WGBll. 46 (1991), 12–21

711 – Die Baukosten der Bergkirche in Rodaun; WGBll. 47 (1992), 223–228

712 – Präsentation des italienischen Städteatlasses (Atlante storico delle citta italiane) von Bologna; WGBll. 50 (1995), 246f.

713 – Eine neue Heimstätte für unseren Verein. Zum Neubau des Wiener Stadt- und Landesarchivs; WGBll. 54 (1999), 243–245

s. a. 150, 153, 154, 591, 1091, 1162

Opll Ferdinand/**Fenesan** Costin,

714 – Ein Wiener Urkundenfund in Rumänien; WGBll. 51 (1996), 182–186

Opll Ferdinand/**Liebhart** Heide,

715 – Bach – Dorf – Stadt – Bezirk. 1000 Jahre Liesing; WGBll. 57, Beiheft 5 (2002)

Opll Ferdinand/**Perger** Richard,

716 – Kaiser Friedrich III. und die Wiener 1483–1485. Briefe und Ereignisse während der Belagerung Wiens durch König Matthias Corvinus von Ungarn; FB 24 (1993)

Opll Ferdinand/**Rudolf** Karl,

717 – Spanien und Wien; WGBll. 46, Beiheft 3 (1991)

Otruba Gustav,

718 – Die „Judenfrage" im Revolutionsjahr 1848 im Spiegel der Wiener Flugschriften; WGBll. 32 (1977), 201–205

719 – Nationale Fragen im Spiegel der Wiener Flugschriften 1848; WGBll. 37 (1982), 129–158

720 – Die Wiener Rothschilds. Aufstieg und Untergang einer Familie; WGBll. 41 (1986), 149–169

721 – Wiens Gewerbe, Zünfte und Manufakturen an der Wende vom 17. zum 18. Jahrhundert; WGBll. 42 (1987), 113–150

722 – Die Anfänge der Französischen Revolution. Ihre wirtschaftlichen und sozialen Ursachen, die Abschaffung der Feudalität und die Erklärung der Menschenrechte im Spiegel der Berichterstattung der „Wiener Zeitung"; WGBll. 44 (1989), 145–179

723 – Die Sozialenzykliken der Päpste 1891, 1931 und 1961 im Spiegel der zeitgenössischen Wiener Presse; WGBll. 46 (1991), 137–161

724 – Die Organisation des Lebensmittelkleinhandels in Wien; WGBll. 49 (1994), 80–103

Partsch Erich Wolfgang,

725 – Arrangierverbot 1823. Zum Verhältnis von Musik und Kommerz im Biedermeier; WGBll. 40 (1985), 159–162

726 – Eduard Horak oder Wider die „Clavier-Epidemie". 125 Jahre Franz-Schubert-Konservatorium (vorm. Horak); WGBll. 47 (1992), 237–240

727 – Musik und Musiker um Franz Schubert; WGBll. 49 (1994), 28–37

Patrouch Joseph F.,

728 – Das Königinkloster. Wiener Klosterfrauen um 1580; PCA NF, Heft 7 (2002), 45–52

Patzer Ursula,

729 – Die Wiener Schulen im März und April 1938; FB 2 (1978), 286–292

Pausch Oskar,
730 – Ein Lamento der Wiener zur Abreise Rossinis im Jahre 1822; WGBll. 54 (1999), 133–136

Pauser Josef,
731 – „leichtferige Spill sein gar abgestelt". Norm und Praxis der Bekämpfung eines Lasters in der landesfürstlichen Stadt Krems im 15. und 16. Jahrhundert; PCA NF, Heft 4 (1999), 19–40
732 – Leseverein und Hilfsverein bei Josef Bermann. Zur Verifizierung zweier Vereine in Josef Bermanns Tagebüchern 1835–1878; WGBll. 46 (1991), 62–70

Pawlowsky Verena/**Zechner** Rosa,
733 – Verwaltete Kinder. Das Wiener Findelhaus (1784–1910); WGBll. 47 (1992), 129–149

Payer Peter,
734 – Hausmeister in Wien. Aufstieg und Niedergang einer Respektsperson; WGBll. 51, Beiheft 4 (1996)
735 – „Das Stadtbild von Wien ist traurig verändert". Michael Freiherr von Pidolls Kritik des beginnenden Automobilzeitalters; WGBll. 53 (1998), 221–232
736 – Brigittenauer Lichtspiele. Kino und Film im 20. Wiener Gemeindebezirk (1908–1986); WGBll. 55 (2000), 161–196
737 – Hungerkünstler in Wien. Zur Geschichte einer verschwundenen Attraktion; WGBll. 55, Beiheft 5 (2000)
738 – Die Memoiren der Wetti Himmlisch. Wien aus der Sicht einer Toilettefrau; WGBll. 57 (2002), 154–161

s. a. 413

Peball Kurt,
739 – Die militärische Situation in Wien im März 1938; FB 2 (1978), 50–59

Pemmer Hans/**Englisch** Franz,
740 – Die Beatrixgasse; WGBll. 36 (1981), 1–19

Penz Helga,
741 – Stadt und Kirche am Beispiel der Frühgeschichte von Krems an der Donau; PCA NF, Heft 7 (2002), 5–22

Pepper Hugo,

s. 469

Perger Richard,
742 – Hans Scharffenperger aus Kufstein. Wiens Bürgermeister 1425 und 1426; FB 7 (1980), 17–25
743 – Die Amtszeiten der Wiener Bürgermeister von 1282–1500; FB 7 (1980), 97–109
744 – Die Wiener Bürgermeister Lienhard Lackner, Friedrich von Pieschen, Dr. Martin Siebenbürger und andere Mitglieder der „Wiener Handelsgesellschaft"; FB 9 (1981), 3–88

745 – Dr. Hans Kaufmann aus Sterzing, Bürgermeister von Wien im Jahre 1515; FB 9 (1981), 89–113
746 – Die Wiener Ratsbürger 1396–1526. Ein Handbuch; FB 18 (1988)
747 – Straßen, Türme und Basteien. Das Straßennetz der Wiener City in seiner Entwicklung und seinen Namen. Ein Handbuch; FB 22 (1991)
748 – Das Palais Esterhazy in der Wallnerstraße zu Wien; FB 27 (1994)
749 – Beiträge zur Wiener Verfassungs- und Sozialgeschichte im Spätmittelalter; JbVGStW 32/33 (1976/77), 11–41
750 – Neues über Andre Hiltprant von Meran, Wiens Bürgermeister im Jahre 1442; JbVGStW 34 (1978), 33–53
751 – Der Wiener Rat von 1519–1526; JbVGStW 35 (1979), 135–168
752 – Martin Siebenbürgers Wiener Privilegienverzeichnis und die Vorgeschichte des Stadtrechtsprivilegs vom 20. November 1517; JbVGStW 38 (1982), 24–39
753 – Simon Pötel und seine Handelsgesellschaft; JbVGStW 40 (1984), 7–88
754 – Wolfgang Holzer. Aufstieg und Fall eines Wiener Politikers im 15. Jahrhundert; JbVGStW 41 (1985), 7–61
755 – Das St. Martinsspital vor dem Widmertor zu Wien (1339–1529); JbVGStW 44/45 (1989), 7–26
756 – Die Affäre Uhlirz im Wiener Gemeinderat 1903; JbVGStW 47/48 (1991/92), 371–384
757 – Die rekonstruierten Wiener Ratslisten 1641 bis 1668. Ein Forschungsbehelf; JbVGStW 56 (2000), 55–125
758 – Die Baugeschichte des Wiener Schrannengebäudes nach schriftlichen Quellen; JbVGStW 57/58 (2001/2002), 269–299
759 – Beiträge zur Geschichte der Ruprechtskirche in Wien; PCA NF, Heft 1 (1996), 7–39
760 – Schwarzkünstler und Ordensmann. Aus dem Leben des Schottenpriors und Seitenstettner Abtes Benedikt + 1441; WGBll. 32 (1977), 167–176
761 – Geschichtliches vom Stock im Eisen; WGBll. 32, Sonderheft 1 (1977), 27–47
762 – Die politische Rolle der Wiener Handwerker im Spätmittelalter; WGBll. 38 (1983), 1–36
763 – Die Entführung des Andre Gwalt. Ein politisches Drama im mittelalterlichen Ottakring; WGBll. 40 (1985), 77–93
764 – Der Ottakringer Freihof und die Maroltinger-Legende; WGBll. 40 (1985), 94–103
765 – Die Haus- und Grundstückskäufe des Prinzen Eugen in Wien; WGBll. 41 (1986), 41–84
766 – Die ungarische Herrschaft über Wien 1485–1490 und ihre Vorgeschichte. Zum 500. Todestag des ungarischen Königs Matthias Corvinus (gestorben 6. April 1490 in der Burg zu Wien); WGBll. 45 (1990), 53–87

767 – Die Geschichte des Palais Grassalkovics in der Leopoldstadt; WGBll. 47 (1992), 150–171
768 – Die „öde Kirche" und der Gang nach St. Stephan. Zwei unvollendete Wiener Bauprojekte Kaiser Friedrichs III. ; WGBll. 48 (1993), 65–78
769 – Nochmals: Der Gang nach St. Stephan; WGBll. 52 (1997), 49–51
770 – Die „Heimkehr" der Kirchmeisteramtsrechnung von St. Stephan aus dem Jahre 1412; WGBll. 56 (2001), 160f.

s. a. 27, 40, 716, 1117

Perger Richard/**Hetzer** Walter,
771 – Wiener Bürgermeister der frühen Neuzeit; FB 9 (1981)

Perger Richard/**Kohn** Renate/**Mras** Gertrud,
772 – Mittelalterliche und frühneuzeitliche Grabdenkmäler auf dem Wiener Zentralfriedhof; JbVGStW 52/53 (1996/97), 361–396

Perger Richard/**Petritsch** Ernst Dieter,
773 – Der Gasthof „Zum Goldenen Lamm" in der Leopoldstadt und seine türkischen Gäste; JbVGStW 55 (1999), 147–172

Perger Richard/**Rizzi** Wilhelm Georg,
774 – Das Palais Modena in der Herrengasse zu Wien. Sitz des Bundesministeriums für Inneres; FB 31 (1997)

Pete Claudia,
775 – Die Tonkünstler-Societät (Haydn-Verein); WGBll. 49 (1994), 110f.

Petritsch Ernst Dieter,

s. 773

Petz-Grabenbauer Maria,
776 – Zu Leben und Werk von Nikolaus Joseph Freiherr von Jacquin; WGBll. 50 (1995), 121–150

Pfau Gudrun,
777 – Ernst August von Steigentesch (1774–1826). Poet und General; WGBll. 54 (1999), 209–219
778 – Die Herrgotts- oder Marienvögel. Von Bienen und Imkern in unserer Stadt; WGBll. 55 (2000), 300–308

Pfeifer Gustav,
779 – „Neuer" Adel im Bozen des 14. Jahrhunderts. Botsch von Florenz und Niklaus Vintler; PCA NF, Heft 6 (2001), 3–23

Pfeiffer Engelbert,
780 – Vom „Konopatsch-Hof" zu den „Miserowskyschen Zwillingen"; WGBll. 39 (1984), 20–28

Pfoch Hubert,

s. 103

Pick Ingeburg,

781 – Daniel Suttinger und Leander Anguissola. Die Kartographen von Wien 1683; JbVGStW 39 (1983), 69–103

Pils Susanne Claudine,

782 – Schreiben über Stadt. Das Wien der Johanna Theresia Harrach 1639–1716; FB 36 (2002)

783 – Die Stadt als Lebensraum. Wien im Spiegel der Oberkammeramtsrechnungen 1556–1576; JbVGStW 49 (1993), 119–172

784 – „daz er mih nidt halb so lieb hadt alß wie ich ihm ...". Liebe und Sexualität im ehelichen Nicht-Alltag von Johanna Theresia und Ferdinand Bonaventura Harrach; JbVGStW 52/53 (1996/97), 397–414

785 – Die Wiener Oberkammeramtsrechnungen; WGBll. 49 (1994), 58–60

786 – Das Herz der Stadt. Die Stephanskirche und das Domviertel; WGBll. 50, Beiheft 3 (1995)

787 – Hof/Tratsch. Alltag bei Hof im ausgehenden 17. Jahrhundert; WGBll. 53 (1998), 77–99

788 – Das europäische Städtenetz. Der österreichische Städteatlas als Beitrag zu einem europäischen Projekt; WGBll. 53, Beiheft 3 (1998)

789 – Seelenzeit und Totengedenken; WGBll. 57 (2002), 1–23

s. a. 447, 1368

Pircher Wolfgang,

790 – Mutmaßungen über den Vormärz; FB 8 (1980), 3–8

791 – Verwüstung und Verschwendung. Adeliges Bauen nach der Zweiten Türkenbelagerung; FB 14 (1984)

s. a. 50

Pircher Wolfgang/**Pribersky** Andreas,

792 – Die Gesundheit, die Polizei und die Cholera; FB 8 (1980), 202–214

Pirhofer Gottfried,

793 – Linien einer kulturpolitischen Auseinandersetzung in der Geschichte des Wiener Arbeiterwohnungsbaues; WGBll. 33 (1978), 1–23

s. a. 323, 421

Pittioni Richard,

794 – Ein interessanter keramischer Fund aus Wien 9, Hörlgasse; WGBll. 36 (1981), 36f.

Planyavsky Alfred,

795 – Johann Hindle (1792–1862). Ein reisender Baßgeiger des Biedermeier; JbVGStW 40 (1984), 89–121

Podbrecky Inge,
796 – Rudolf von Eitelberger und die Ringstraße; WGBll. 57 (2002), 89–107

Pörner Christine,
797 – Neue Forschungsergebnisse zu Zwischenbrücken-Brigittenau; WGBll. 55 (2000), 319–322

Pohl-Resl Brigitte,
798 – Das Kopialbuch 1 des Wiener Bürgerspitals; WGBll. 52 (1997), 124–126

s. a. Resl Brigitte

Polleroß Friedrich B.,
799 – Geistliches Zelt- und Kriegslager. Die Wiener Peterskirche als barockes Gesamtkunstwerk; JbVGStW 39 (1983), 142–208

Polzer Norbert,
800 – Der Kunstliebhaber und Kunstförderer Hugo Breitner und die Hugo-Breitner-Gesellschaft zur Förderung künstlerischen Nachwuchses; WGBll. 42 (1987), 1–26

Posch Monika,
801 – Henriette von Nassau-Weilburg. Eine Potestantin im Hause Habsburg; FB 16 (1980), 72–81

Pribersky Andreas,

s. 792

Prigl Hubert,
802 – Bekannte und unbekannte Flugplätze und Flugplatzprojekte in Wien von 1909 bis heute; JbVGStW 57/58 (2001/2002), 197–267
803 – Die Überführung von Dr. Theodor Herzl nach Israel am 14. August 1949; WGBll. 54 (1999), 152–154

Prilisauer Richard A.,
804 – Wiederaufstellung des ersten repräsentativen Mozartdenkmales von Wien; WGBll. 36 (1981), 40

Prochaska Franz,
805 – Innungsembleme im ehemaligen Gemeinderatssitzungssaal des alten Rathauses in Wien; WGBll. 48, Beiheft 4 (1993)
806 – Aus der Geschichte des Wiener Gürtlergewerbes; WGBll. 52 (1997), 234–241
807 – Zur Geschichte des Schmiedehandwerks; WGBll. 54 (1999), 281–305

Prochazka Jiri,
808 – Kurt Gödel (1906–1978); WGBll. 53 (1998), 208f.

Psarakis Brigitta,
809 – Zum 150. Todestag Josef Freiherr von Hormayrs; WGBll. 53 (1998), 130–132

s. a. 439, 603, 604, 605, 606, 1341–1359

Pühringer Andrea,
810 – 1. Mitgliederversammlung und Jahrestagung der GSU – Gesellschaft für Stadtgeschichte und Urbanisierungsforschung. Gelsenkirchen, 16. -17. November 2001; PCA NF, Heft 7 (2002), 53–56

Quigley Brian M.,
811 – Ernst Schneider, the Vienna Guilds Assembly and the Austrian Reform Club. A contribution to Artisan Politics in Vienna in the 1880's (engl.); JbVGStW 34 (1978), 329–341

Rafetseder Hermann,

s. 1369–1371

Raffler Marlies,
812 – Sammlerinnen im 18. Jahrhundert; WGBll. 55 (2000), 225–233

Raptis Konstantinos,
813 – Der Wissenschaftliche Klub 1875–1900. Studie zur Frühzeit eines bürgerlichen Vereins in Wien; WGBll. 53 (1998), 38–59

Rassl Hermann,
814 – Zur Geschichte des Königinklosters; WGBll. 39 (1984), 159–166

Rauchensteiner Manfried,
815 – Die Wiener Interalliierte Kommandantur 1945–55; JbVGStW 34 (1978), 390–422

Rausch Wilhelm,

s. a. 1131, 1272

Redl Dagmar,
816 – Der Wiener Musikverein. Neues zu seiner Entstehungs- und Planungsgeschichte; WGBll. 55 (2000), 197–225

Reichhold Ludwig,
817 – Die Liquidierung der Vaterländischen Front; FB 2 (1978), 25–38

Reingrabner Gustav,
818 – Evangelischer Gottesdienst in Wien in der Reformationszeit; WGBll. 56 (2001), 315–329

Reischl Birgit,
819 – Eine Wienerin unterwegs. Ida Pfeiffers Reise nach Madagaskar; WGBll. 51 (1996), 147–162

Reissberger Mara,

s. 1278

Reitani Luigi,

820 – Antonio Gramsci in Wien; WGBll. 47 (1992), 101–109

Reitterer Hubert,

821 – Eine zeitgenössische Quelle zum Aufgebot der Wiener Universität im Jahre 1683; JbVGStW 39 (1983), 104–129

s. a. 563

Resch Andreas,

s. 304

Resl Brigitte,

822 – Bürger und Spital. Zur Entwicklung des Wiener Bürgerspitals bis zum ersten Drittel des 14. Jahrhunderts; JbVGStW 47/48 (1991/92), 173–212

s. a. Pohl-Resl Brigitte

Riedel Heinz,

823 – 75 Jahre kommunale Sargerzeugung in Wien. Zur Geschichte des Sargerzeugungsbetriebes der Gemeinde Wien – Städtische Bestattung; WGBll. 49 (1994), 178–182

824 – Pneumatische Leichenbeförderung für den Wiener Zentralfriedhof; WGBll. 49 (1994), 226–230

825 – Vor fünfzig Jahren starb der Architekt der Dr. Karl Lueger-Gedächtniskirche, Prof. Max Hegele; WGBll. 50 (1995), 108–110

826 – „Tote retuschiert wie lebend“. Albin Mutterer, der Leichenporträtist vom Thury-Grund; WGBll. 51 (1996), 115–118

Riedl-Dorn Christa,

827 – Briefe von Ignaz von Born an Nikolaus Joseph von Jacquin im Archiv der Botanischen Abteilung des Naturhistorischen Museums in Wien; JbVGStW 43 (1987), 35–73

Rieger Philipp,

828 – Über Joseph T. Simon; FB 38 (2002), 92f.

Riepl Hermann,

829 – Wien – Niederösterreichischer Regierungs- und Verwaltungssitz. Neueste Entwicklung; JbVGStW 34 (1978), 423–437

Rigele Brigitte,

830 – „Wiedergutmachung“. Bestände zu den Rückstellungsverfahren im Wiener Stadt- und Landesarchiv; JbVGStW 56 (2000), 127–143

831 – Wiener Bürgerrechtsverleihungen in der Neuzeit; WGBll. 45 (1990), 185–187

832 – „Aufgeschaut!“ Dokumente zur Geschichte des Wiener Fiakers; WGBll. 47 (1992), 175f.

833 – Mit der Stadt aufs Land. Die Anfänge der Sommerfrische in den Wiener Vororten; WGBll. 49, Beiheft 2 (1994)

834 – Sardellendragoner und Fliegenschütz. Vom Pferd im Alltag der Stadt; WGBll. 50, Beiheft 2 (1995)

Rigele Brigitte/**Tschulk** Herbert,

835 – Gartenkultur in Wien. Vom Mittelalter bis zum Barock; WGBll. 46, Beiheft 2 (1991)

836 – Gartenkultur in Wien. Von der Aufklärung bis zur Gründerzeit; WGBll. 47, Beiheft 2 (1992)

Rigele Georg,

837 – Die Wienerwaldbahn. Das Projekt Fogowitz 1919–1938 und Vorläuferprojekte; WGBll. 49 (1994), 15–27

Rippel Hermann,

838 – Die holländische Gesandtschaftskapelle als Vorgängerin der reformierten Gemeinde in Wien; FB 16 (1986), 27–45

Ritzerfeld Ulrich/**Stößer** Anke,

839 – Städtelandschaft, reseau urbain, urban network. Städte im regionalen Kontext in Spätmittelalter und Früher Neuzeit. 33. Kolloquium des Kuratoriums für vergleichende Städtegeschichte, Münster 11.- 13. März 2002; PCA NF, Heft 7 (2002), 56–59

Rizzi Wilhelm Georg,

840 – Zur Baugeschichte des Schlosses Hetzendorf in der Zeit des Hochbarock; WGBll. 37 (1982), 65–96

s. a. 774

Rizzi Wilhelm Georg/**Schachel** Roland L.,

841 – Die Zinshäuser im Spätwerk Josef Kornhäusels; FB 4 (1979)

Röhrig Floridus,

842 – Die Kapelle von Hietzing – ein kirchliches Streitobjekt; JbVGStW 34 (1978), 122–132

Rösch Gerhard,

843 – Zwei literarische Quellen zu Handel und Verkehr Österreichs im 13. Jahrhundert; WGBll. 46 (1991), 111–117

Rohr Christian,

844 – Vom Ursprung der Städte. Tagung des Österreichischen Arbeitskreises für Stadtgeschichtsforschung in Zusammenarbeit mit dem Archiv der Stadt Linz und dem Museum der Stadt Linz-Nordico – Linz, 17. -19. November 1998; PCA NF, Heft 4 (1999), 87–89

Rohrbach Wolfgang,
845 – 100 Jahre Collegialität. Ein Stück Wiener Versicherungsgeschichte; JbVGStW 56 (2000), 145–171
846 – Auf den Spuren der Serben Wiens. Ein historisch-soziologisches Porträt; WGBll. 56 (2001), 185–227

847 **Rückblick auf das Türkenjubiläumsjahr:** Festkomitee „300 Jahre Entsatz von Wien mit König Jan III. Sobieski"; WGBll. 39 (1984), 38

Rudolf Karl,

s. 717

Sablik Karl,
848 – Julius Tandler: Theorie und Praxis der Wiener Fürsorge in der Zwischenkriegszeit; WGBll. 39 (1984), 29–32
849 – 150 Jahre Gesellschaft der Ärzte in Wien; WGBll. 42 (1987), 34–39

Sackmauer Ludwig,
850 – Die Arbeitsgemeinschaft der Wiener Bezirksmuseen; JbVGStW 34 (1978), 465–476

Sadowsky Thorsten,
851 – Reiseerfahrung und bürgerliche Mentalität. Das Bild vom josephinischen Wien in den Berichten deutscher Reisender in den Jahren 1780–1790; JbVGStW 47/48 (1991/92), 229–262

Saliger Arthur,
852 – Zur Frage der künstlerischen Autorschaft der Kanzel im Stephansdom in Wien; WGBll. 47 (1992), 181–197
853 – Kunsthistorische Aspekte zum Grabmal Kaiser Friedrichs III. im Wiener Stephansdom; WGBll. 48 (1993), 129–163

Salomon Leopold,
854 – Johann Peter Sulzer und sein Memorabilienbuch; WGBll. 40 (1985), 24–27

Sandgruber Roman,
855 – Indikatoren des Lebensstandards in Wien in der ersten Hälfte des 19. Jahrhunderts; FB 8 (1980), 57–74

Sauer Walter,
856 – Die Abtwahl des Wiener Schottenstiftes im Jahr 1832. Spätjosephinismus und Restauration im Wiener Ordensklerus; JbVGStW 32/33 (1976/77), 101–132
857 – Die Arbeiterwohnhausanlage „Carolinum" in Wien-Margareten. Notizen zur Bau- und Benützungsgeschichte; WGBll. 36 (1981), 53–65
858 – Zonen sozialer Konflikte in Wien zwischen Josefinismus und Revolution; WGBll. 46 (1991), 49–54

s. a. 486

Schachel Roland L.,

s. 840

Scharinger Franz M.,

859 – Taschenuhren – kleine Kunstwerke großer Meister; WGBll. 38 (1983), 87–91

860 – Die Kleinuhrmacher im alten Wien; WGBll. 41 (1986), 115–125

Scheibelreiter Georg,

861 – Die Geschichtsauffassung bei Franz Grillparzer und Friedrich Hebbel; WGBll. 41 (1986), 19–35

s. a. 1133

Scheidl Sonja,

862 – Manege frei! Über die Bedeutung der Fauna in Sagen und Mythen um Wien; WGBll. 56 (2001), 281–315

Schembor Friedrich Wilhelm,

863 – Verbrechen und Unfälle in Wien 1945/46; JbVGStW 56 (2000), 173–212

Scheutz Martin,

864 – Konkurrierende Disziplinierungsgewalten im grundherrschaftlichen Markt. Der Gaminger Hofrichter mit und gegen den Scheibbser Marktrichter und -rat während des 18. Jahrhunderts; PCA NF, Heft 4 (1999), 41–64

Schimböck Maximilian,

s. 639, 1372, 1373

Schipperges Thomas,

865 – Serenaden – und mehr ... Gedenkblatt für Robert Fuchs (1847–1927) aus Anlaß seines 150. Geburtstages und 70. Todestages; WGBll. 52 (1997), 180–186

Schirmer Gerhard,

s. 155

Schlöss Erich,

866 – Das Theresianum. Ein Beitrag zur Bezirksgeschichte der Wieden. Mit kunsthistorischer Betrachtung von Geza Hajos; FB 5 (1979)

867 – Das Stöckl der Beichtväter Societas Jesu und der Kammerdiener. Zur Geschichte der Favorita auf der Wieden; WGBll. 36 (1981), 80–86

868 – Die Vorortelinie; WGBll. 42 (1987), 68–71

869 – Die nicht gebaute Linie der Wiener Stadtbahn am Gaudenzdorfer und Margaretengürtel; WGBll. 44 (1989), 30–39

870 – Adolf Martin Pleischl; WGBll. 44 (1989), 180–192

871 – Die Favorita auf der Wieden um 1700; WGBll. 46 (1991), 162–170

872 – Hofburg und Favorita in Praemers Architekturwerk. Überlegungen zur Planverfassung der Fassaden; WGBll. 46 (1991), 179–183
873 – Über die Begegnungen des Zaren Peter I. mit Kaiser Leopold I.; WGBll. 49 (1994), 149–162
874 – Über perspektivische Gittertore. Ausgehend vom Tor im Park des Theresianums in Wien; WGBll. 52 (1997), 242–249
875 – Von den Sprachknaben zu den Anfängen der Orientalischen Akademie; WGBll. 56 (2001), 70–76
876 – Jüngste Erkenntnisse zu drei Wiener Villen Metternichs; WGBll. 57 (2002), 329–340

Schmidtbauer Peter,
877 – Zur Familienstruktur der Griechen in Wien; WGBll. 35 (1980), 150–160

Schmidt-Colinet Andreas,
878 – Hellenistische Paläste, römische Kaiserfora und die „Neue Burg“; WGBll. 55 (2000), 313–318

Schneider Christine,
879 – Der niedere Klerus im josephinischen Wien. Zwischen staatlicher Funktion und seelsorgerischer Aufgabe; FB 33 (1999)
880 – Seelsorger, Mönche, Meßleser. Zur Situation des niederen Klerus im josephinischen Wien; WGBll. 48 (1993), 219–239
881 – Von Kostfrauen, Guttätern und anderen Weltleuten. Das soziale Umfeld des Wiener Ursulinenklosters in der zweiten Hälfte des 18. Jahrhunderts; WGBll. 56 (2001), 89–113

Schneider Gabriele,
882 – Johann Michael Puchberg. Aufstieg und Fall von Mozarts Freund und „Bruder“; WGBll. 55 (2000), 286–299

Schön Doris,

s. 126

Schönfeld Thomas,
883 – Biografische Notizen zu einigen österreichischen Persönlichkeiten; FB 38 (2002), 55–59

Schoenwald Peter,
884 – Erinnerungen an die Glanzzeit des Praters; WGBll. 42 (1987), 108–110

Schöny Heinz,
885 – Nochmals Weinheber; WGBll. 33 (1978), 209
886 – Der Waldviertler Karl Stoitzner erlebt die Wiener Oktoberrevolution 1848; WGBll. 37 (1982), 159–162
887 – Die Wiener Vorfahren des Dichters Franz Theodor Csokor; WGBll. 39 (1984), 126–130
888 – Lebensdaten von Wiener Malern – neu oder berichtigt; WGBll. 44 (1989), 88–92

s. a. 1170

Schopf Fritz,
889 – Erinnerungen an neun Jahrzehnte Streichergasse; WGBll. 48 (1993), 9–12
890 – „... wo ich von 1909 bis 1919 fast täglich spielte ...“. Zur weiteren Umgebung der Streichergasse; WGBll. 48 (1993), 25–29

Schulz Karl,
891 – Medaillen zur Geschichte der Stadt Wien; JbVGStW 46 (1990), 123–151

Schuster Walter,
892 – Österreichische Stadtgeschichtsforschung zum Nationalsozialismus. Leistungen- Defizite – Perspektiven; PCA NF, Heft 5 (2000), 35–62

Schwarz Edda,
893 – Das Schlössel im Kahlenbergerdorf; JbVGStW 43 (1987), 74–96

Schwarz Godehard,
894 – Tullner Hof – Villa Wertheimstein – Döblinger Bezirksmuseum. Geschichte eines Döblinger Hauses; BKF 25 (1979; 1980)
895 – Grinzing; BKF 28 (1982)

Schwarz Karl,
896 – Zwischen Revolution und Restauration. Der österreichische Protestantismus in den Jahren 1848/49; FB 16 (1980), 66–71
897 – Die Protestantenemanzipation im Spiegel eines Majestätsgesuchs der beiden Wiener Gemeinden (A. C. und H. C.) vom 5. April 1848; WGBll. 39 (1984), 1–12

Schwarz Robert,
898 – Die nationalsozialistische Propagandapresse und ihr Werben um die österreichische Arbeiterschaft; FB 2 (1978), 105–115

Schwarz Werner Michael,

s. a. 413

Schwarz Werner Michael/**Zirngast** Waltraud,
899 – Angestellte in Wien. Ein Beitrag zur Sozialgeschichte Wiens im 19. Jahrhundert auf der Grundlage der Konskription von 1857; WGBll. 49 (1994), 125–149

Seebauer Renate,
900 – Zur Konzeption der Pflichtschule der Zehn- bis Vierzehnjährigen vom Reichsvolksschulgesetz bis 1945, mit besonderer Berücksichtigung Wiens; JbVGStW 40 (1984), 122–169
901 – Ein Beitrag zur Schulgeschichte Favoritens. Der Pflichtschulbau seit dem Reichsvolksschulgesetz 1869; WGBll. 40 (1985), 147–158

902 – Ein Beitrag zur Geschichte der Lehrerbildung. Die „psychologische Ausbildung“ der Pflichtschullehrer – historische Aspekte und gegenwärtige Trends; WGBll. 45 (1990), 31–37

903 – Zwischen Reformbestrebungen und Konservativismus. Zur Geschichte der Lehrerbildung in Wien; WGBll. 48, Beiheft 1 (1993)

Seemann Otmar,

904 – Bibliographia Sonnleithneriana. Die Schriften der Juristenfamilie Sonnleithner; WGBll. 53, Beiheft 4 (1998)

s. a. 1374

Seethaler Elfriede,

905 – Das Achterhaus; WGBll. 48 (1993), 20–24; 119

Seethaler Josef,

906 – Das Wiener Kalenderwesen des 15. bis 17. Jahrhunderts; JbVGStW 41 (1985), 62–112

Seidl Johannes,

907 – Die Verleihung der außerordentlichen Professur für Paläontologie an Eduard Sueß im Jahre 1857. Zur Frühgeschichte der Geowissenschaften an der Universität Wien; WGBll. 57 (2002), 38–61

s. a. 132

Seliger Maren,

908 – Liberale Fraktionen im Wiener Gemeinderat 1861–1895; FB 1 (1978), 62–90

909 – Konflikt um das Bundesland Wien in der Ersten Republik. Am Beispiel der Auseinandersetzungen um Instanzenzug und Polizeikompetenzen; JbVGStW 47/48 (1991/92), 347–369

910 – Groß- oder Klein-Wien? Politische Auseinandersetzungen um die Nachkriegsgrenzen und Stadtentwicklungsziele; JbVGStW 51 (1995), 209–241

911 – „Der finanzielle Marsch auf Wien“. Zum Parteienpakt über das Finanzausgleichsgesetz 1931; JbVGStW 52/53 (1996/97), 415–439

912 – Bundesland Wien – Zur Entstehungsgeschichte der Trennung Wiens von Niederösterreich; WGBll. 37 (1982), 181–216

913 – Privilegienwahlrecht – Allgemeines Wahlrecht. Zur Entwicklung des Kommunalwahlrechtes in Wien 1848–1918/19; WGBll. 44, Beiheft 4 (1989)

914 – Bundesland Wien – Grenzziehungsvarianten 1919/1920; WGBll. 47 (1992), 45–50

Seliger Maren/**Ucakar** Karl,

915 – Wien. Politische Geschichte 1740–1934. Entwicklung und Bestimmungskräfte großstädtischer Politik. Teil 1: 1740–1895, Teil 2: 1896–1935; GStW, Bd. I und II (1985)

Serban Constantin,
916 – Die rumänische Geschichtsliteratur über die Kriege gegen die Osmanen und deren internationale Auswirkungen im 16.,17., und 18. Jahrhundert; FB 13 (1983), 99–118
917 – Einige unveröffentlichte oder wenig bekannte Handschriften zur Belagerung Wiens 1683; JbVGStW 39 (1983), 130–141

Slavik Felix,
918 – Die Floridsdorfer Konferenz; FB 2 (1978), 304f.

Slezak Friedrich,
919 – Beethovens Wiener Originalverleger; FB 17 (1987)
920 – Zur Artaria-Ausstellung; WGBll. 37 (1982), 163–167
921 – Zum Schönfeld-Museum; WGBll. 39 (1984), 132
922 – Italiener in Wien: Zuwanderer aus Lucca; WGBll. 43 (1988), 64–70
923 – Die Raaber Bahnen; WGBll. 44 (1989), 128–134
924 – Das Weltkugelhaus beim Stock im Eisen; WGBll. 45 (1990), 157–166
925 – Gerstner, die Straußkapelle und das russische Vauxhall; WGBll. 46 (1991), 123–127

Slezak Paul,
926 – Das Recepthaus auf der Wieden in Wien; WGBll. 39 (1984), 130f.

Spitzer Rudolf,
927 – Karl Seitz. Waisenknabe – Staatspräsident – Bürgermeister von Wien. Zum 125. Geburtstag; FB 25 (1994)

Staribacher Josef,

s. 469

Staudinger Anton,
928 – Materialien in den Abteilungen des Österreichischen Staatsarchivs zum Thema „Wien und der Anschluß“; FB 2 (1978), 306–311

Staudinger Eduard G.,

s. 67

Steblin Rita,
929 – Haydns Orgeldienst „in der damaligen Gräfl. Haugwitzischen Kapelle“; WGBll. 55 (2000), 124–134
930 – Franz Schubert – das dreizehnte Kind. Die Geschichte seines ältesten Bruders Franz Ignaz sowie anderer Familien-Geheimnisse; WGBll. 56 (2001), 245–265

Steiner Herbert,
931 – Widerstand in Wien; FB 2 (1978), 136–146
932 – Wien im März 1938; WGBll. 43 (1988), 1–6

933 – Käthe Leichter; WGBll. 43 (1988), 122–126

Steiner Leopold,
934 – Das Sterbealter der Bewohner der Leopoldstadt (1700–1735); WGBll. 32 (1977), 145f.

Steines Patricia,
935 – Ehrung und Gedenken in Metall. Medaillen jüdischer Persönlichkeiten; WGBll. 47 (1992), 197–222

Steininger Hermann,
936 – Bagstein-Belege im niederösterreichischen Viertel unter dem Wienerwald und in Wien; WGBll. 32 (1977), 181–184

Steinmann Eva,
937 – Musikförderung und Avantgarde. Josef Matthias Hauer und die Familie Köchert; WGBll. 50 (1995), 15–33

Steinmetz Hermine Maria,
938 – Einige biographische und lokalhistorische Anmerkungen zu Georg Terramares Weihnachtslegende „Uns ward ein Kind geboren"; JbVGStW 44/45 (1989), 228–241

Steinmüller Karl,
939 – Wien 1683: Ein Bericht von Jobst Heinrich Koch; WGBll. 34 (1979), 176–187

Stekl Hannes,
940 – Häusliches Personal und „Soziale Frage"; JbVGStW 34 (1978), 342–357

s. a. 324

Stemmler Gunter,
941 – Phantasievoll, glänzend, selbstbewusst. Die unzutreffende Vorstellung von der mittelalterlichen Bürgemeisterkette und Künstler in Wien; WGBll. 57 (2002), 245–250

Stephan Georgine,
942 – „Dieses leyde von mir, und keinem anderen!" Das Gesellenmachen; WGBll. 36 (1981), 146–148
943 – „Richter, Stifter, Dornauszieher"; WGBll. 37 (1982), 109f.
944 – „Iuxta radices Comagenis". Das Heiligengrab zu St. Jakob in Sievering; WGBll. 37 (1982), 217–223

Stern Marcella,
945 – Der Wiener Genremaler Josef Gisela; WGBll. 40 (1985), 17–20

Stiefel Dieter,
946 – „Die Zukunft liegt in der Vergangenheit". Innenkolonisation und nahrungswirtschaftliche Siedlung als atavistische Utopie der Zwischenkriegszeit; FB 12 (1983), 101–128

Stieglitz Ludwig,
947 – Ottakrings Hauptgeschäftsstraßen im Wandel der Zeit; WGBll. 32 (1977), 146–148

Stiepka Anton,
s. 636

Stimmer-Klusacek Christine,
948 – Wiener Historische Kommission; WGBll. 35, Beiheft 2 (1980)
s. a. Klusacek Christine

Stimmer Kurt,
s. 480

949 **Der Stock im Eisen**; WGBll. 32, Sonderheft 1 (1977)

Stöckelmaier Hans,
950 – Zur Geschichte der Familie von Karajan; WGBll. 43 (1988), 24–36
951 – Die Orgel im Franziskanerkloster zu Kresevo in Bosnien. Ein unbekanntes Instrument der Wiener Kober-Werkstatt; WGBll. 43 (1988), 145–149

Stößer Anke,
s. 839

Stoklaska Anneliese,
952 – Die Revelationes der Agnes Blannbekin. Ein mystisches Unikat im Schrifttum des Wiener Mittelalters; JbVGStW 43 (1987), 7–34

Stoy Manfred,
953 – Rumänische Fürsten im frühneuzeitlichen Wien; JbVGStW 46 (1990), 153–180

Stradner Gerhard,
954 – Die Geige in Wien; WGBll. 40 (1985), 41–48

Stubenvoll Franz,
955 – Johann Baptist Preleuthner. Aus dem Leben und Schaffen des Bildhauers; WGBll. 44 (1989), 77–88

Stuhlhofer Franz,
956 – Georg Tannstetter (Collimitius). Astronom, Astrologe und Leibarzt bei Maximilian I. und Ferdinand I. ; JbVGStW 37 (1981), 7–49

Stürzlinger Martin,
957 – Die Entstehung der Wiener Stadtordnung 1526; JbVGStW 54 (1998), 215–245
958 – Die Wiener Grundbücher der Frühen Neuzeit. Auswertungen einer Datenbank.; JbVGStW 56 (2000), 213–250

Suchy Viktor,
959 – Literatur „März 1938“; FB 2 (1978), 258–272

Suete-Willer Hildegund,
960 – Peter Willer (1880–1938), Bürgermeister von Rodaun; WGBll. 39 (1984), 35

Svoboda Wilhelm,
961 – Neue soziale Bewegungen in Wien in den siebziger und achtziger Jahren; JbVGStW 43 (1987), 118–155
962 – „Es lebe der Sport!" Beiträge zu einer Geschichte des Wiener Sports. Boxen – Landhockey – Rudern – Tennis; WGBll. 45, Beiheft 1 (1990)

Telesko Werner,
963 – Die Wiener historischen Festzüge von 1879 und 1908. Zum Problem der dynastischen Identitätsfindung des Hauses Österreich; WGBll. 51 (1996), 133–146

Teply Karl,
964 – Die Einführung des Kaffees in Wien. Georg Franz Kolschitzky, Johannes Diodato, Isaak de Luca; FB 6 (1980)
965 – Das österreichische Türkenkriegszeitalter. Richard F. Kreutel und die Türkenkriegsforschung in Österreich; FB 13 (1983), 5–51
966 – Der Kopf des Abaza Kör Hüseyin Pascha. Vom „umgehenden Türken" und von anderem Zeughausspuk; JbVGStW 34 (1978), 165–179
967 – Die Hadersdorfer Türkensteine. Zugleich ein Beitrag für eine fällige Laudonbiographie; WGBll. 34 (1979), 149–170
968 – Türkenfriedhofmaiß; WGBll. 34 (1979), 188–190

Tezuka Hajime,
969 – Die Wiener Junglehrerbewegung. Eine Studie zur Schulgeschichte in den letzten Jahrzehnten der Donaumonarchie; JbVGStW 41 (1985), 113–155

Thiriet Jean-Michel,
970 – Mourir à Vienne aux XVII°–XVIII° Siecles. Le cas des Welsches; (franz.); JbVGStW 34 (1978), 204–217
971 – Über die Herkunft der Italiener in Wien von Ende des 16. Jahrhunderts bis zur Mitte des 18. Jahrhunderts; JbVGStW 43 (1987), 156–165

Thomas Christine,
972 – Wien als Residenz unter Kaiser Ferdinand I. ; JbVGStW 49 (1993), 101–117

Tichy Helga,
973 – Zur Ehrenbürgerurkunde für Friedrich Schmidt; WGBll. 54 (1999), 59f.

Trautmann Otto,
974 – Daniel Fockhy, der Bürgermeister-Administrator beim Entsatz von Wien 1683; WGBll. 39 (1984), 33f.

Traxler Andreas,
975 – „Diessmahl ist der Samstag an einem Sonntag“ Ignaz Franz Castelli und die Ludlamshöhle; WGBll. 57 (2002), 185–201

Trieb Barbara,
976 – Kleine Geschichte des Alsergrunds; WGBll. 56, Beiheft 3 (2001), 28–38

Trimmel Gerald,
977 – Die Entstehung des Studios für Elektronische Musik an der Akademie für Musik und Darstellende Kunst in Wien. Aus der Pionierzeit der elektroakkustischen Musik in Österreich; WGBll. 50 (1995), 34–43

Troch Harald,
978 – 100 Jahre „1. Mai“. Der 1. Mai 1890: Rahmenbedingungen und Aspekte; WGBll. 45 (1990), 103–106

s. a. 596

Troy Erich,
979 – „Spendenfreudigkeit“ als sozioökonomischer Faktor. Untersucht am Beispiel der Stadt Wien im Gefolge des Schwarzen Todes um die Mitte des 14. Jahrhunderts; JbVGStW 35 (1979), 78–122

Tschulk Herbert,
980 – X. Favoriten; BKF 10 (1985)
981 – Faszination und Freude der Archivarbeit. Ein Fund zur vormärzlichen Zensur und Nikolaus Lenau; JbVGStW 52/53 (1996/97), 441–448
982 – 100 Jahre Hofbauer; WGBll. 37 (1982), 47
983 – Weinbau im alten Wien; WGBll. 37, Beiheft 7 (1982)
984 – Franzosen in Wien; WGBll. 39, Beiheft 3 (1984)
985 – Weinverfälschungen in alter Zeit; WGBll. 40 (1985), 119–123
986 – Vom Archivregistrator zum Archivorganisator. Zur Geschichte des Wiener Stadt- und Landesarchivs; WGBll. 44, Beiheft 3 (1989)
987 – „Director des Archivs und der Bibliothek, Vorstand des historischen Museums der Stadt Wien.“ Zum 100. Todestag von Karl Weiß; WGBll. 50 (1995), 171f.

s. a. 543, 617, 835, 836

Tschulk Herbert/**Matz** Hans,
988 – Alte Wiener Brunnen; WGBll. 36, Beiheft 3 (1981)

989 **Die Türkenkriege in der historischen Forschung.** In memoriam Richard F. Kreutel 1916–1981; FB 13 (1983)

Twaroch Franz,
990 – Der Baumeister des Ober St. Veiter Schlosses ist gefunden; WGBll. 56 (2001), 342–344

991 – Die Maßstäbe am Wiener Stephansdom; WGBll. 57 (2002), 77–79

Twerdy Wilhelm,

992 – Der Schweitzerhof im heutigen 23. Wiener Gemeindebezirk; WGBll. 40 (1985), 56–58

993 – Forstmeister Wernher der Schenk, Stifter der Pfarre Hütteldorf; WGBll. 42 (1987), 159–166

Ucakar Karl,

s. a. 915

Ucakar Karl/**Welan** Manfried,

994 – Kommunale Selbstverwaltung und konstitutioneller Rechtsstaat; FB 1 (1978), 5–30

Ullrich Hermann,

995 – Nikolaus Zmeskall von Domanowetz. Ein halbvergessener Freund Beethovens; JbVGStW 32/33 (1976/77), 78–100

996 – Franz Oliva. Ein vergessener Freund Beethovens; JbVGStW 36 (1980), 7–29

997 – Zur Ikonographie Ignaz von Schuppanzighs (1776–1830); WGBll. 32 (1977), 231–235

Ungar Gerhard,

s. 649

Urbanek Wilhelm,

998 – Geschichte des Bezirksmuseums Alsergrund; WGBll. 56, Beiheft 3 (2001), 5–8

999 – „... er war und ist und bleibt ein Urwiener". Das Schnitzler-Memorial im Bezirksmuseum Alsergrund; WGBll. 56, Beiheft 3 (2001), 20–27

1000 – Bezirksmuseum Alsergrund; WGBll. 56, Beiheft 3 (2001)

Veigl Christa,

1001 – Ornament und Bassena. Bauschmuck und Wohnkomfort im zeitgenössischen Diskurs über das Wiener Zinshaus der Gründerzeit und im Nachhinein; WGBll. 57 (2002), 291–303

Veverka Georgine,

1002 – „Meinem Fluch entgehst du nicht, und das Urteil ist der Tod!"; WGBll. 32 (1977), 161–166

1003 – Der merkwürdige Fall „Benedikt" – Biographie oder Predigtmärlein?; WGBll. 32 (1977), 177–180

1004 – Volkskundliches über den Stock im Eisen; WGBll. 32, Sonderheft 1 (1977), 47–67

Vocelka Karl,

1005 – Die Wiener Feste der frühen Neuzeit in waffenkundlicher Sicht; JbVGStW 34 (1978), 133–148

1006 – Die österreichische Stadtgeschichtsforschung zur frühneuzeitlichen Epoche. Leistungen – Defizite – Perspektiven; PCA NF, Heft 5 (2000), 23–34

1007 – Einige Wiener Geschütze als Beutestücke in Istanbuler Sammlungen; WGBll. 34 (1979), 170–176

Vögl Klaus Christian,

1008 – Kino in Wien 1938–45; WGBll. 51 (1996), 36–57

Vogel Stefan,

1009 – Frankreich und die Alliierte Besetzung Wiens von 1945 bis 1955. Motive und Grenzen der französischen Vermittlungspolitik; JbVGStW 55 (1999), 173–210

1010 – Quellen zur französischen Besatzungspolitik in Wien 1945–1955. Eine Bestandsaufnahme im Besatzungsarchiv in Colmar; WGBll. 52 (1997), 201–220

Wacha Georg,

1011 – Ein Künstlerlexikon – nur bis Az ...; WGBll. 46 (1991), 29f.

1012 – Joseph Baumgartner und der Wiener Stephansdom; WGBll. 48 (1993), 171–173

1013 – Münchhausen auf der Reise von Linz nach Wien 1592; WGBll. 57 (2002), 61–68

Wagner Margarete,

1014 – Das Hasenhaus in der Kärntner Straße – Schauplatz der Festnahme dreier Wiedertäufer?; WGBll. 47 (1992), 53–55

Wagner Michael,

1015 – Zwischen zwei Staatsbankrotten. Der Wiener Finanzmarkt im 18. Jahrhundert; WGBll. 32 (1977), 113–143

1016 – Erwerbsteuer, Gemeindevermögen und Verwaltungshierarchie. Drei Studien zum Wiener Kommunalhaushalt (1860–1895); WGBll. 34 (1979), 1–19

s. a. 135

Wagner-Rieger Renate,

1017 – Die Rampe des Wiener Parlamentsgebäudes; JbVGStW 34 (1978), 317–328

Waissenberger Robert,

1018 – Anmerkungen zu der von Ludwig Förster errichteten Zinner'schen Zuckerfabrik bei der Franzensbrücke; JbVGStW 34 (1978), 309–316

Wakounig Marija,

1019 – Konsumverhalten des Wiener Bürgertums im 19. und 20. Jahrhundert; JbVGStW 44/45 (1989), 154–186

Walther Susanne,

1020 – Die Hermesvilla – neuere Forschungsergebnisse; 1. Besitzverhältnisse und Verwaltung, 2. Die Originaleinrichtung; WGBll. 40 (1985), 49–55; 110–118

1021 – Die Hermesvilla – neuere Forschungsergebnisse. 3. Die letzten Lebensjahre der Kaiserin; WGBll. 41 (1986), 125–130
1022 – Die Hermesvilla – neuere Forschungsergebnisse. 4. Bis zum Ende der Monarchie; WGBll. 42 (1987), 26–30
1023 – Die Hermesvilla – neuere Forschungsergebnisse. 5. Im 20. Jahrhundert; WGBll. 55 (2000), 52–61
1024 – Von „Ditmar" zur „Austria email". Ein Unternehmen als Spiegel österreichischer Wirtschafts- und Sozialpolitik; WGBll. 56 (2001), 1–26
1025 – Die Familien Wisgrill, Lang und von Förster. Ein genealogischer und kulturhistorischer Streifzug durch das Wiener Patriziat; WGBll. 57 (2002), 136–153

Wawrik Franz,
1026 – Zur Vorgeschichte und Entstehung der Kartensammlung der Österreichischen Nationalbibliothek; JbVGStW 47/48 (1991/92), 141–161

Weich Annie,
1027 – Über Karl Hartl; FB 38 (2002), 63–77

Weigl Andreas,
1028 – Die Wiener Totenbeschauprotokolle als Quelle zur Sozialgeschichte der Medizin; PCA NF, Heft 2 (1997), 23–33
1029 – Eine Neuberechnung der Bevölkerungsentwicklung Wiens nach Bezirken 1777–1869; WGBll. 50 (1995), 219–238

Weigl Herwig,
1030 – Preuhafen und Milchtopf. Die Ritter von Steyr und die Bürgergemeinde; PCA NF, Heft 6 (2001), 24–66

Weinzierl Erika,
1031 – Kirche und Nationalsozialismus in Wien im März 1938; FB 2 (1978), 164–171
1032 – Über Friedrich Engel-Janosi; FB 38 (2002), 78–82

Weis Georg,
1033 – Arisierungen in Wien; FB 2 (1978), 183–189

Weiser Peter,
1034 – „... und Viele waren wieder da."; FB 38 (2002), 48–54

Weiss Werner W.,
1035 – Die Kuffner-Sternwarte; BKF 24 (1984)

Weisz Franz,
1036 – Die NS-Machtübernahme in den Wiener Bezirkspolizeikommissariaten; JbVGStW 49 (1993), 195–212
1037 – Das Hauptquartier der Wiener Gestapo – das Haus am Morzinplatz Nr. 4; JbVGStW 51 (1995), 243–264
1038 – Die Gestapo-Leitstelle in Wien; WGBll. 47 (1992), 231–234
1039 – Umstellung der personalen Organisation der ehemaligen

Österreichischen Polizei auf jene des Deutschen Reiches; WGBll. 50 (1995), 79–95

s. 9

Welan Manfried,

s. 994

Wenusch Michael,

1040 – Engarde, Parade, Touché – Die Entwicklung des Wiener Fechtsports; WGBll. 53, Beiheft 2 (1998)

Wichtl Otto,

1041 – Leben und Werk von Franz Servaes (1862–1947); WGBll. 39 (1984), 13–19

Wiedl Birgit,

1042 – Blumen der Erinnerung; WGBll. 52 (1997), 264f.

1043 **Wien 1938**; FB 2 (1978)

1044 **Wien im Vormärz**; FB 8 (1980)

1045 **Wien in der liberalen Ära**; FB 1 (1978)

1046 **Wiener Bürgermeister im Spätmittelalter**; FB 7 (1980)

1047 **Wiener Ferienspiel 1979**; WGBll. 34, Beiheft 5 (1979)

1048 **Wiener Ferienspiel 1980**; WGBll. 35, Beiheft 4 (1980)

1049 **Wiener Ferienspiel 1981**; WGBll. 36, Beiheft 6 (1981)

1050 **Wiener Ferienspiel 1982**; WGBll. 37, Beiheft 5 (1982)

Wiesflecker Peter,

1051 – „Der Weg aus der Stadt ...“. Bemerkungen zur städtischen Gesellschaft in der Steiermark und in Kärnten an der Wende vom Spätmittelalter zur frühen Neuzeit am Beispiel geadelter Bürgerfamilien; PCA NF, Heft 6 (2001), 67–78

Wikidal Elke,

1052 – Die Wiener Gewerbsproduktenausstellungen im Vormärz; WGBll. 50 (1995), 207–218

Wild Andreas,

1053 – Die Wiener Magistratsräte 1783–1848; JbVGStW 38 (1982), 40–70

Wilmersdorf Erich,

1054 – Computerunterstützte Kartographie in der Wiener Stadtverwaltung; WGBll. 50, Beiheft 4 (1995), 46–53

Wingelbauer Hubert,

1055 – Das österreichische Bundesheer; FB 2 (1978), 39–49

Winiwarter Verena,

1056 – Plädoyer für eine Umweltgeschichte der Stadt; PCA NF, Heft 3 (1998), 7–15

Winkler Elisabeth Th.,

1057 – Der Austriabrunnen auf der Freyung; WGBll. 49, Beiheft 4 (1994)

Winkler Uwe,

1058 – „... zu unserer unbedingten Verfügung“ Die Leipziger Zeitungspresse unter der Aufsicht Österreichs im 19. Jahrhundert; WGBll. 49 (1994), 65–80

Winter Otto Friedrich,

1059 – Der Aufstieg der Familie Habermann. Ein niederösterreichischer Baderssohn als Rektor der Wiener Universität; JbVGStW 34 (1978), 180–191

Winterstein Stefan,

1060 – Wien-London und nur halb zurück. Erich Fried und der Alsergrund; WGBll. 56, Beiheft 3 (2001), 16–19

Wladika Michael,

1061 – Der österreichische Reformverein. Die Entstehung des völkischen Antisemitismus; WGBll. 55 (2000), 1–37

Wodak Erna,

1062 – Über Walter Wodak; FB 38 (2002), 94–98

Wöber Herbert K. E.,

1063 – 80 Jahre „Elektrische“ in Mariahilf; WGBll. 32 (1977), 239–241

1064 – Vor 75 Jahren wurde die elektrische Oberleitungs-Automobillinie Pötzleinsdorf–Salmannsdorf eröffnet; WGBll. 38 (1983), 81–87

1065 – Die Oberleitungs-Automobillinie Kalksburg–Liesing (1909–1920); WGBll. 39 (1984), 80–88

Wohlrab Hertha,

1066 – Heimatkunde und Bezirksgeschichte. Entwicklung – Persönlichkeiten – Publikationen; WGBll. 36, Beiheft 1 (1981)

1067 – Wiener Sagen und Legenden; WGBll. 37, Beiheft 6 (1982)

1068 – Das „alte“ Rathaus; WGBll. 38 (1983), 37–42

1069 – Vom Tragsessel zur U-Bahn; WGBll. 39, Beiheft 2 (1984)

s. a. 1376

Wolf Alfred,

1070 – Die Vorstädte Lichtenthal und Himmelpfortgrund zur Zeit Franz Schuberts; WGBll. 33 (1978), 24–27

Worliz-Wellspacher Andrea,

1071 – Gustav Ritter von Neumann. Hofarchitekt des Fürsten von Liechtenstein (1859–1928); WGBll. 44 (1989), 195–197

1072 – Der Bote des Requiembestellers; WGBll. 45 (1990), 197–219

Würzl Eberhard,
1073 – Russische Dokumente über Tschaikowskis Beziehungen zu Johann und Eduard Strauß. Ein Beitrag zum 150. Geburtstag Tschaikowskis (1840–1893); JbVGStW 46 (1990), 181–194
1074 – Vom Ringstraßenpalais in die innere Emigration. Zum 50. Todestag von Alice Pollak-Gurschner (Pseud. : Paul Althof); JbVGStW 50 (1994), 173–190

Zabusch Stephanie,
1075 – Bezirksmuseum Hernals; WGBll. 57, Beiheft 3 (2002)

Zahnhausen Richard A.,
1076 – Das Wiener Schnitzel. Struktur und Geschichte einer alltäglichen Speise; WGBll. 56 (2001), 132–146

Zauner Peter,
1077 – Zur Datierung der Absetzung des kaisertreuen Rates in Wien und zum Zug Kaiser Friedrichs III. in die Stadt im August 1462; JbVGStW 54 (1998), 247–270

Zechner Rosa,

s. 733

Zedinger Renate,
1078 – Erziehung in Wien. Zum Aufenthalt des Erbprinzen Franz (Anton) Stephan von Lothringen am Hof Kaiser Karls VI. in den Jahren 1723 bis 1729; JbVGStW 50 (1994), 83–104
1079 – Nebenschauplatz „Kaiserhaus". Zur kulturpolitischen Dimension der Toskanischen Kanzlei in Wien; JbVGStW 55 (1999), 211–233
1080 – Belgische Emigranten in Wien. Zur Situation der habsburgischen Beamten aus den „Österreichischen Niederlanden" unter Kaiser Franz II. /I. (1792–1836); JbVGStW 56 (2000), 251–266

Zehetmayer Roman,
1081 – Zisterzienser und Städte in (Nieder-) Österreich und Steiermark vom 12. bis zur Mitte des 14. Jahrhunderts; PCA NF, Heft 7 (2002), 23–44

Zelfel Hans Peter,
1082 – Nimoth Wywarini – Nemetujvar – Güssing; WGBll. 46 (1991), 77

Zimmermann Erich,
1083 – Spitalsarzt im Wiener Bürgerspital im 15. Jahrhundert. Zur medizinischen Versorgung in Wien; WGBll. 54 (1999), 235–242

Zimmermann Susan,

s. 650, 651, 652

Zinsler Erich,
1084 – Das Lusthaus im Wiener Prater. Zur Geschichte eines fast vergessenen Wiener Wahrzeichens; WGBll. 55, Beiheft 4 (2000)

Zirker Walter,

1085 – Die medizinische Versorgung kleinstädtischer Regionen im 19. Jahrhundert am Beispiel Vorarlbergs; PCA NF, Heft 2 (1997), 35–50

Zirngast Waltraud,

1086 – Fremdsprachen als Frauensache. Zur Geschichte des Französischen als frauenspezifischem Bildungsgut; WGBll. 55 (2000), 38–51

s. a. 899

Zöllner Erich,

1087 – Wien um die Mitte des 19. Jahrhunderts in der Sicht seiner fremden Gäste; WGBll. 33 (1978), 116–137

1088 – Anekdoten über Geschichtsunterricht und Geschichtslehrer in Wien und Österreich; WGBll. 46 (1991), 22–26

1089 – Hansmartin Decker-Hauff; WGBll. 49 (1994), 45f.

1090 **Die Zukunft liegt in der Vergangenheit.** Studien zum Siedlungswesen der Zwischenkriegszeit; FB 12 (1983)

Personalia (Ehrungen, Geburtstage, Todesfälle)

Appelt Heinrich

1091 – † 16. September 1998. Nachruf – Heinrich Appelt. 1910–1998; [Csendes Peter/Opll Ferdinand] WGBll. 53 (1998), 288–291

Auer Erwin M.

1092 – Erneuerung des Doktordiploms; WGBll. 36 (1981), 226

1093 – Ehrenmitglied des Vereins für Geschichte der Stadt Wien; WGBll. 42 (1987), 44

1094 – † 6. August 1989; [Kratochwill Max] WGBll. 44 (1989), 101

1095 – Widmung; [Kratochwill Max] JbVGStW 46 (1990), 5

Bousska Vladimira und Hans

1096 – Goldenes Verdienstzeichen des Landes Wien; WGBll. 54 (1999), 163

Brauneis Walther

1097 – Z-Preis für Wissenschaft des Adolf-Schärf-Fonds für Wissenschaft und Kunst; WGBll. 43 (1988), 91

1098 – Theodor-Georg-Ritter-von-Karajan-Medaille; [Czeike Felix] WGBll. 52 (1997), 137–139

Brunner Otto

1099 – † 12. Juni 1982 – Nachruf; [Auer Erwin M.] WGBll. 37 (1982), 178f.

Büttner Rudolf

1100 – † 3. Mai 1992; WGBll. 47 (1992), 128

Csendes Peter

1101 – Universitätsdozent; WGBll. 35 (1980), 104

1102 – Oberarchivrat; WGBll. 37 (1982), 243

1103 – a. o. Universitätsprofessor; WGBll. 47 (1992), 255

1104 – Theodor-Georg-Ritter-von-Karajan-Medaille; [Czeike Felix] WGBll. 52 (1997), 137–139

1105 – Hofrat; WGBll. 54 (1999), 163

Czeike Felix

1106 – Silbermedaille des Vereins für Geschichte der Stadt Wien; [Auer Erwin M.] WGBll. 33 (1978), 100

1107 – a. o. Professor; WGBll. 34 (1979), 148

1108 – Hofrat; WGBll. 40 (1985), 76

1109 – 60. Geburtstag; Goldenes Ehrenzeichen für Verdienste um das Land Wien; Ehrenmedaille „Pro Civitate Austriae"; Ehrenmitglied in der Arbeitsgemeinschaft der Wiener Bezirksmuseen; WGBll. 41 (1986), 207

1110 – Ehrenmitglied des Verbandes der wissenschaftlichen Gesellschaften Österreichs; WGBll. 43 (1988), 164

1111 – Vorsitzender des Arbeitskreises für Stadtgeschichtsforschung; WGBll. 45 (1990), 242

1112 – Ehrenkreuz für Wissenschaft und Kunst I. Klasse; WGBll. 46 (1991), 48
1113 – Goldenes Verdienstzeichen des Landes Oberösterreich; WGBll. 48 (1993), 128
1114 – Großes Goldenes Ehrenzeichen für Verdienste um das Bundesland Niederösterreich; WGBll. 50 (1995), 118; 247
1115 – 70. Geburtstag (mit Grußadresse des Bundespräsidenten); Ehrenmedaille der Bundeshauptstadt Wien in Gold; [Klestil Thomas] WGBll. 51 (1996), 195
1116 – Ehrenmedaille der Bundeshauptstadt Wien in Gold; WGBll. 51 (1996), 195
1117 – Widmung; [Perger Richard] JbVGStW 52/53 (1996/97), 7f.
1118 – Großes Ehrenzeichen für Verdienste um die Republik Österreich; WGBll. 52 (1997), 272
1119 – 75. Geburtstag (mit Grußadresse des Bundespräsidenten); WGBll. 56 (2001), 276
1120 – Goldenes Doktordiplom der Universität Wien; WGBll. 56 (2001), 179

Czeike Helga

1121 – Österreichisches Ehrenkreuz für Wissenschaft und Kunst I. Klasse; WGBll. 54 (1999), 75
1122 – Goldenes Doktordiplom der Universität Wien; WGBll. 56 (2001), 179

Czeipek Felix

1123 – Ehrenmedaille der Bundeshauptstadt Wien in Silber; WGBll. 54 (1999), 163

Deak Ernö

1124 – Würdigungspreis 1996 der Stiftung „Pro Civitate Austria“; PCA NF, Heft 2 (1997), 91

Demelius Heinrich

1125 – 90. Geburtstag. Heinrich Demelius ein Neunziger; [Csendes Peter] WGBll. 39 (1984), 47
1126 – † 6. Februar 1987; WGBll. 42 (1987), 44
1127 – † 6. Februar 1987 – Nachruf; [Csendes Peter] WGBll. 42 (1987), 79

Denscher Richard

1128 – Leiter der MA 7 – Kulturamt; WGBll. 34 (1979), 196

Donatin Ernst.

1129 – † 8. April 1989 – Nachruf; [Kratochwill Max] WGBll. 44 (1989), 211

Düriegl Günter

1130 – Hofrat; WGBll. 49 (1994), 243

Ennen Edith

1131 – † 28. Juni 1999. Nachruf – Edith Ennen – Zum Gedenken. 1907–1999; [Rausch Wilhelm] PCA NF, Heft 5 (2000), 107f.

Faber Elfriede

1132 – Silbernes Ehrenzeichen für Verdienste um das Land Wien; WGBll. 54 (1999), 75

Fichtenau Heinrich

1133 – † 15. Juni 2000 – Nachruf; [Scheibelreiter Georg] PCA NF, Heft 6 (2001), 105–107

Fischer Karl

1134 – Generalsekretär des Vereins für Geschichte der Stadt Wien; WGBll. 46 (1991), 202

Foltinek Karl

1135 – Hofrat; WGBll. 32 (1977), 199

1136 – Leiter der MA 13 – Bildung und außerschulische Jugendbetreuung; WGBll. 34 (1979), 148

1137 – 60. Geburtstag; WGBll. 37 (1982), 243

1138 – Verdienstkreuz I. Klasse des Verdienstordens der Bundesrepublik Deutschland; WGBll. 41 (1986), 207

1139 – Goldenes Ehrenzeichen für Verdienste um das Land Wien; WGBll. 48 (1993), 63, 128

Fröhlich-Sandner Gertrude

1140 – 70 Jahre; WGBll. 51 (1996), 130

1141 – 75. Geburtstag; WGBll. 56 (2001), 179

Goldinger Walter

1142 – Ehrenmedaille der Bundeshauptstadt Wien in Gold; WGBll. 33 (1978), 228

1143 – † 15. Februar 1990 – Nachruf; [Kretschmer Helmut] WGBll. 45 (1990), 51

Goldmann Friederike

1144 – Würdigungspreis 1996 der Stiftung „Pro Civitate Austriae"; PCA NF, Heft 2 (1997), 91

Gusel Erich

1145 – Goldenes Ehrenzeichen für Verdienste um die Republik Österreich; WGBll. 41 (1986), 40

Hadamowsky Franz

1146 – † 9. Jänner 1995 – Nachruf; [Fischer Karl] WGBll. 50 (1995), 55

Häusler Wolfgang

1147 – Venia legendi für Österreichische Geschichte; Förderungspreis im Rahmen der Kulturpreise des Landes Niederösterreich; WGBll. 34 (1979), 148

Havelka Hans

1148 – Silbernes Ehrenzeichen für Verdienste um das Land Wien; WGBll. 50 (1995), 54

Hennings Fred

1149 – Ehrenring der Stadt Wien; WGBll. 32 (1977), 200
1150 – 85 Jahre; [Auer Erwin M.] WGBll. 35 (1980), 103
1151 – † 22. November 1981 – Nachruf; [Auer Erwin M.] WGBll. 36 (1981), 225f.

Herzog Wilhelm

1152 – Goldenes Ehrenkreuz für Verdienste um die Republik Österreich; WGBll. 33 (1978), 228

Holter Kurt

1153 – † 28. Dezember 2000 – Nachruf; [Aspernig Walter] PCA NF, Heft 6 (2001), 107f.

Hörmann Alfred

1154 – Kanzleirat; WGBll. 39 (1984), 147
1155 – Kanzleirat; WGBll. 40 (1985), 176
1156 – Silbernes Verdienstzeichen des Landes Wien; WGBll. 41 (1986), 207

Hye Franz-Heinz

1157 – Ehrenmedaille des Österrreichischen Arbeitskreises für Stadtgeschichtsforschung ; PCA NF, Heft 3 (1998), 79
1158 – Berufstitel „außerordentlicher Professor"; PCA NF, Heft 4 (1999), 90

Jaeger Theodor

1159 – Gedenktafel; WGBll. 38 (1983), 186

Jäger-Sunstenau Hanns

1160 – 75. Geburtstag; Ehrenmedaille der Bundeshauptstadt Wien in Gold; WGBll. 41 (1986), 207
1161 – 60 Jahre Mitglied unseres Vereines; WGBll. 53 (1998), 151
1162 – 90. Geburtstag; [Opll Ferdinand] WGBll. 57 (2002), 84

Jaksch Anton

1163 – † 5. November 1977 – Nachruf; [Auer Erwin M.] WGBll. 32 (1977), 278f.

Jary Walter

1164 – 65 Jahre; WGBll. 39 (1984), 48
1165 – 70 Jahre; WGBll. 44 (1989), 99
1166 – 75. Geburtstag; WGBll. 49 (1994), 63
1167 – 80 Jahre; WGBll. 54 (1999), 163

Johanek Peter

1168 – Ehrenmitglied des Österreichischen Arbeitskreises für Stadtgeschichtsforschung; PCA NF, Heft 2 (1997), 91

Joos Hannes

1169 – Silberne Ehrennadel der Bundesinnung der Buchbinder Österreichs; WGBll. 36 (1981), 164

Kaut Hubert

1170 – † 15. April 1979 – Nachruf; [Schöny Heinz] WGBll. 34 (1979), 131f.

Keller Kathrin

1171 – Würdigungspreis 1998 der Stiftung „Pro Civitate Austriae"; PCA NF, Heft 4 (1999), 90

Kirchschläger Rudolf

1172 – 70 Jahre; WGBll. 40 (1985), 31
1173 – 80 Jahre; WGBll. 50 (1995), 54
1174 – † 30. März 2000 – Nachruf; [Czeike Felix] WGBll. 55 (2000), 154

Koller Fritz

1175 – Direktor des Salzburger Landesarchivs; PCA NF, Heft 3 (1998), 79

Koller Heinrich

1176 – Ehrenmitglied des Österreichischen Arbeitskreises für Stadtgeschichtsforschung; PCA NF, Heft 2 (1997), 91

Kratochwill Max

1177 – 70. Geburtstag; [Auer Erwin M.] WGBll. 36 (1981), 124
1178 – Goldenes Doktordiplom; WGBll. 40 (1985), 31
1179 – 75. Geburtstag; WGBll. 41 (1986), 39f.
1180 – Präsident des Vereins für Geschichte der Stadt Wien; WGBll. 43 (1988), 39
1181 – 80. Geburtstag; WGBll. 46 (1991), 48
1182 – Widmung; [Czeike Felix] JbVGStW 47/48 (1991/92), 5
1183 – † 7. März 2001 – Nachruf; [Czeike Felix] WGBll. 56 (2001), 179

Krejci Karl

1184 – Professor; [Czeike Felix] WGBll. 35 (1980), 200
1185 – † 18. September 1980; WGBll. 35 (1980), 160
1186 – † 18. September 1980 – Nachruf; [Auer Erwin M.] WGBll. 35 (1980), 198f.

Ladenbauer-Orel Hertha

1187 – 80. Geburtstag; WGBll. 47 (1992), 128

Lienhart Otto

1188 – Kulturmedaille; WGBll. 56 (2001), 180

Loidl Franz

1189 – † 26. Juli 1987; WGBll. 42 (1987), 183

Ma-Kircher Klaralinda

1190 – Vizepräsidentin des Vereins für Geschichte der Stadt Wien; WGBll. 57 (2002), 84

Malecek Anton

1191 – † 26. Mai 1978; WGBll. 33 (1978), 228

Marek Bruno

1192 – 80. Geburtstag; WGBll. 34 (1979), 195

Marsch Fritz

1193 – Professor; WGBll. 48 (1993), 128

Matz Hans

1194 – Professor; WGBll. 37 (1982), 64

Mayer Wolfgang

1195 – † 29. April 1996. In memoriam Dr. Wolfgang Mayer. Nachruf; [Czeike Felix] WGBll. 51 (1996), 131

Mayr Hans

1196 – 70. Geburtstag; WGBll. 53 (1998), 215

Messner Robert

1197 – Österreichisches Ehrenkreuz für Wissenschaft und Kunst I. Klasse; Goldenes Ingenieurdiplom der TU Wien; WGBll. 37 (1982), 64

1198 – Goldene Nadel des Universitätsbundes; WGBll. 46 (1991), 95

1199 – † 10. September 1999 – Nachruf; WGBll. 54 (1999), 325

Mikoletzky Lorenz

1200 – Honorarprofessor Universität Wien; WGBll. 48 (1993), 128

1201 – Generaldirektor des Österreichischen Staatsarchivs; WGBll. 49 (1994), 188

1202 – Österreichisches Ehrenkreuz für Wissenschaft und Kunst I. Klasse; WGBll. 55 (2000), 251

Mollay Karl

1203 – † 3. April 1997. Nachruf – Karl Mollay. 1913–1997; [Nemeth Ildiko] PCA NF, Heft 2 (1997), 90

Nast Josefine

1204 – † 21. November 1992; WGBll. 47 (1992), 255

Neck Rudolf

1205 – † 21. Juli 1999 – Nachruf; [Csendes Peter] WGBll. 54 (1999), 326

Neuhold Gertrude

1206 – Goldenes Verdienstzeichen des Landes Wien; WGBll. 54 (1999), 163

Niedermaier Helmut Paul

1207 – Würdigungspreis 1998 der Stiftung „Pro Civitate Austriae"; PCA NF, Heft 4 (1999), 90

Niederstätter Alois

1208 – a. o. Universitätsprofessor; PCA NF, Heft 6 (2001), 108

Obermaier Walter

1209 – Österreichisches Ehrenkreuz für Wissenschaft und Kunst I. Klasse; WGBll. 56 (2001), 362

Opll Ferdinand

1210 – Venia legendi für Geschichte des Mittelalters und Historische Hilfswissenschaften; WGBll. 40 (1985), 76

1211 – Würdigungspreis 1988 der Stiftung „Pro civitate Austriae"; WGBll. 43 (1988), 164

1212 – Direktor des Wiener Stadt- und Landesarchivs; WGBll. 44 (1989), 143

1213 – Generalsekretär des Vereins für Geschichte der Stadt Wien; WGBll. 44 (1989), 143

1214 – Mitglied im Kuratorium Dokumentationsarchiv; Vorstandsmitglied im Verband österreichischer Geschichtsvereine; Vorstand des österreichischen Arbeitskreises für Stadtgeschichtsforschung; Korrespondierendes Mitglied des Südwestdeutschen Arbeitskreises für Stadtgeschichtsforschung; WGBll. 44 (1989), 211f.

1215 – Mitglied des Herausgeberkreises am Institut für vergleichende Städtegeschichte Münster und Vorstandsmitglied im Verein für Landeskunde von Niederösterreich; WGBll. 46 (1991), 48

1216 – Dienstklasse VIII; WGBll. 48 (1993), 247

1217 – a o. Universitätsprofessor; WGBll. 51 (1996), 131

1218 – Mitglied des Vorstands der Sektion für Kommunalarchive des Internationalen Archivrates; WGBll. 52 (1997), 60

1219 – Vizepräsident „Commission internationale pour l'histoire des villes"; WGBll. 53 (1998), 291

1220 – Vizepräsident „Commission internationale pour l'histoire des villes"; PCA NF, Heft 4 (1999), 90

1221 – Korrespondierendes Mitglied des Zentrums für mittelalterliche Studien an der Karls-Universität Prag und der Akademie der Wissenschaften der tschechischen Republik; WGBll. 56 (2001), 276

1222 – Offizierskreuz des Zivildienstordens Spaniens; PCA NF, Heft 6 (2001), 108

1223 – Offizierskreuz des Zivildienstordens Spaniens; WGBll. 56 (2001), 83

Otruba Gustav

1224 – † 16. Oktober 1994 – Nachruf; WGBll. 50 (1995), 54f.

Padiwy Josef
1225 – Silbernes Ehrenzeichen der Universität Wien; WGBll. 36 (1981), 226
1226 – Josef-Luitpold-Stern 1989; WGBll. 44 (1989), 99

Patzer Franz
1227 – 60. Geburtstag und Ehrung anläßlich des 40-jährigen Dienstjubiläums; WGBll. 39 (1984), 147
1228 – † 17. November 1992; WGBll. 47 (1992), 255

Perger Richard
1229 – Professor; WGBll. 38 (1983), 108
1230 – 60. Geburtstag; WGBll. 43 (1988), 162
1231 – Ehrenmitglied des Vereins für Landeskunde von Niederösterreich; Ehrenmitglied der Gesellschaft „Adler“; WGBll. 44 (1989), 211
1232 – Würdigungspreis 1990 der Stiftung „Pro Civitate Austriae“; Ehrenmedaille dieses Preises; WGBll. 45 (1990), 196
1233 – Offizierskreuz des Verdienstordens der Republik Ungarn; WGBll. 49 (1994), 124
1234 – 70. Geburtstag; WGBll. 53 (1998), 215
1235 – Widmung; [Czeike Felix] JbVGStW 54 (1998), 7f.
1236 – Goldenes Ehrenzeichen für Verdienste um das Land Wien; WGBll. 54 (1999), 75
1237 – Österreichisches Ehrenkreuz für Wissenschaft und Kunst I. Klasse; WGBll. 54 (1999), 75
1238 – Goldenes Ehrenzeichen für Verdienste um das Land Niederösterreich; WGBll. 55 (2000), 69

Pötschner Peter
1239 – Hofrat; WGBll. 34 (1979), 148
1240 – Ehrenmedaille der Bundeshauptstadt Wien in Gold; WGBll. 37 (1982), 64

Raab Riki
1241 – 85 Jahre; WGBll. 39 (1984), 48
1242 – 95. Geburtstag; WGBll. 49 (1994), 63
1243 – † 29. Mai 1997; WGBll. 52 (1997), 196

Rausch Wilhelm
1244 – Rücktritt als Vorsitzender des Arbeitskreises Stadtgeschichtsforschung; Ehrenmitglied ebd., Ehrenmedaille „Pro Civitate Austriae“ in Gold; WGBll. 45 (1990), 242
1245 – 70 Jahre; [Mayrhofer Fritz] PCA NF, Sonderheft (1997), 7–18
1246 – Goldenes Doktordiplom; PCA NF, Heft 4 (1999), 90
1247 – 75 Jahre; PCA NF, Heft 7 (2002), 92

Riepl Hermann
1248 – wirklicher Hofrat des Amtes der Niederösterreichischen Landesregierung; WGBll. 40 (1985), 176
1249 – 50. Geburtstag; WGBll. 43 (1988), 162

1250 – Professor; WGBll. 45 (1990), 196
1251 – Präsident des Vereins für Niederösterreichische Landeskunde; WGBll. 52 (1997), 139

Rocek Roman

1252 – Ehrenmedaille der Bundeshauptstadt Wien in Silber; WGBll. 41 (1986), 100

Rudolf Karl

1253 – Offizierskreuz des Zivildienstordens Spaniens; WGBll. 56 (2001), 83

Sackmauer Ludwig

1254 – Medaille für Verdienste um die Denkmalpflege; WGBll. 32 (1977), 199
1255 – Preis der Stadt Wien für Volksbildung; WGBll. 35 (1980), 104
1256 – 70. Geburtstag; WGBll. 38 (1983), 186
1257 – 75. Geburtstag; WGBll. 43 (1988), 162
1258 – Ehrenmedaille der Bundeshauptstadt Wien in Gold; WGBll. 46 (1991), 95
1259 – † 30. November 1992 – Nachruf; [Fischer Karl] WGBll. 47 (1992), 254f.

Schlöss Erich

1260 – Ehrenkreuz für Wissenschaft und Kunst I. Klasse, Medaille der Stifterin der Theresianischen Akademie in Gold; WGBll. 46 (1991), 48
1261 – 80 Jahre; WGBll. 55 (2000), 69

Schreiner Leo

1262 – † 5. Juni 1978; WGBll. 33 (1978), 228

Sinhuber Bartel F.

1263 – Goldenes Verdienstzeichen des Landes Wien; WGBll. 54 (1999), 163

Slezak Friedrich

1264 – † 12. Jänner 1993; WGBll. 48 (1993), 63

Spany Ferdinand

1265 – 85 Jahre; [Czeike Felix] WGBll. 37 (1982), 63
1266 – Goldenes Ehrenzeichen für Verdienste um die Republik Österreich; WGBll. 38 (1983), 108
1267 – † 1. Oktober 1983. In memoriam Prof. Ferdinand Spany. Nachruf; [Czeike Felix] WGBll. 38 (1983), 185

Spitzer Rudolf

1268 – † 28. Jänner 1995 – Nachruf; WGBll. 50 (1995), 55

Steiner Herbert

1269 – Goldenes Ehrenzeichen für Verdienste um das Land Wien; WGBll. 48 (1993), 63

Stimmer Kurt
1270 – Silbernes Ehrenzeichen des Landes Wien; WGBll. 46 (1991), 95

Stimmer-Klusacek Christine
1271 – Silbernes Ehrenzeichen des Landes Wien; WGBll. 46 (1991), 95

Stoob Heinz
1272 – † 13. März 1997. Nachruf – Heinz Stoob. 1919–1997; [Rausch Wilhelm] PCA NF, Heft 2 (1997), 88–90

Stourzh Gerald
1273 – Goldenes Ehrenzeichen für Verdienste um das Land Wien; WGBll. 50 (1995), 54

Stundner Franz
1274 – † 25. Dezember 2001; PCA NF, Heft 7 (2002), 92

Ullrich Hermann
1275 – 90. Geburtstag; [Kratochwill Max] WGBll. 33 (1978), 47f.
1276 – † 16. Oktober 1982 – Nachruf; [Kratochwill Max] WGBll. 37 (1982), 243

Wagner Rudolf
1277 – † 7. Dezember 1978 – Nachruf; [Medek Robert] WGBll. 34 (1979), 34

Wagner-Rieger Renate
1278 – † 11. Dezember 1980 – Nachruf; [Reissberger Mara/Haiko Peter] WGBll. 36 (1981), 49–51

Waissenberger Robert
1279 – Hofrat; WGBll. 32 (1977), 199
1280 – † 28. März 1987; WGBll. 42 (1987), 44
1281 – † 28. März 1987 – Nachruf; [Csendes Peter] WGBll. 42 (1987), 79

Weiß Berthold
1282 – Goldenes Ehrenzeichen für Verdienste um das Bundesland Niederösterreich; WGBll 41 (1986), 207

Wohlrab Hertha
1283 – Senatsrätin; WGBll. 37 (1982), 179
1284 – 60 Jahre; WGBll. 39 (1984), 180
1285 – Professor; WGBll. 40 (1985), 176

Zöllner Erich
1286 – 70. Geburtstag; WGBll. 41 (1986), 100
1287 – † 11. Dezember 1996 – Nachruf; [Csendes Peter] WGBll. 52 (1997), 61

Literaturberichte, Rezensionen und Bibliografien

Czeike Felix, Literaturbericht

1288 WGBll. 32 (1977), 266–274
1289 WGBll. 33 (1978), 210–219
1290 WGBll. 34 (1979), 35–40, 75–80, 139–141
1291 WGBll. 35 (1980), 31–40, 83–86
1292 WGBll. 36 (1981), 41–49, 150–62, 207–216
1293 WGBll. 37 (1982), 48–59, 116–21, 168–276
1294 WGBll. 38 (1983), 43–50, 92–97, 141–146, 169–75
1295 WGBll. 39 (1984), 39–44, 141–146,
1296 WGBll. 40 (1985), 124–128, 166–168
1297 WGBll. 41 (1986), 35–39, 88–91, 141–145, 186–194
1298 WGBll. 42 (1987), 40–43, 170–178
1299 WGBll. 43 (1988), 79–82, 126–128
1300 WGBll. 44 (1989), 42–44, 94–96, 138–140, 199–205
1301 WGBll. 45 (1990), 114–117, 187–193, 231–234
1302 WGBll. 46 (1991), 87–91, 194–199
1303 WGBll. 47 (1992), 176–178, 246–249
1304 WGBll. 48 (1993), 55–57, 179–182
1305 WGBll. 49 (1994), 60–62
1306 WGBll. 50 (1995), 49–51, 241f.

Rezensionen

1307 WGBll. 32 (1977), 152–160, 192–196, 243–248, 274–278
1308 WGBll. 33 (1978), 43–47, 95, 163–166, 224–227
1309 WGBll. 34 (1979), 44–47, 84, 146
1310 WGBll. 35 (1980), 45–48, 82f., 89–99
1311 WGBll. 36 (1981), 118–121, 163f.
1312 WGBll. 37 (1982), 60–63, 125f., 176f., 240–242
1313 WGBll. 38 (1983), 51, 105, 146–148, 182–184
1314 WGBll. 39 (1984), 45–47, 99–101, 146
1315 WGBll. 40 (1985), 30f., 70–73, 128–131, 174f.
1316 WGBll. 41 (1986), 95–97, 145–147, 200–207
1317 WGBll. 42 (1987), 75–77, 110–112, 182f.
1318 WGBll. 43 (1988), 36–39, 87–89, 161f.
1319 WGBll. 44 (1989), 49–51, 140–143, 209f.
1320 WGBll. 45 (1990), 48–51, 193–196, 234–237
1321 WGBll. 46 (1991), 29f., 44–47, 91f., 135f., 199
1322 WGBll. 47 (1992), 63, 124f., 178–180, 250–254
1323 WGBll. 48 (1993), 57–63, 123–125, 182f., 246
1324 WGBll. 49 (1994), 62, 115–121, 187, 239–242
1325 WGBll. 50 (1995), 52–54, 55, 114f., 119, 175–180, 245f.
1326 WGBll. 51 (1996), 68–71, 122–128, 190–195, 269–271
1327 WGBll. 52 (1997), 55f., 131–134, 192–196, 270–272

1328 WGBll. 53 (1998), 71f., 137–141, 141–148, 210–214, 286–288
1329 WGBll. 54 (1999), 72–74, 158–160, 249f., 323f.
1330 WGBll. 55 (2000), 65–68, 151–153, 250f., 326f.
1331 WGBll. 56 (2001), 82f.; 172–176, 274f.; 360f.
1332 WGBll. 57 (2002), 79–83; 176–178; 261–263, 351–354

Czeike Felix, Zeitschriftenüberschau

1333 WGBll. 32 (1977), 150–152, 189–192, 242f., 262–266
1334 WGBll. 33 (1978), 39–42, 90–94,167–171, 219–224,
1335 WGBll. 34 (1979), 41–43, 80–83, 142–145, 190–195
1336 WGBll. 35 (1980), 41–45, 87–89,191–198
1337 WGBll. 36 (1981), 112–117, 217–225
1338 WGBll. 37 (1982), 121–125, 232–239
1339 WGBll. 38 (1983), 98–104, 175–182
1340 WGBll. 39 (1984), 95–99

Fischer Karl/**Psarakis** Brigitta, Zeitschriftenüberschau

1341 WGBll. 39 (1984), 176–180
1342 WGBll. 40 (1985), 64–69, 169–174

Psarakis Brigitta, Zeitschriftenüberschau

1343 WGBll. 41 (1986), 92–95, 195–199
1344 WGBll. 42 (1987), 71–75, 178–182
1345 WGBll. 43 (1988), 82–87
1346 WGBll. 44 (1989), 45–49, 205–209
1347 WGBll. 45 (1990), 44–47, 237–242
1348 WGBll. 46 (1991), 200f
1349 WGBll. 47 (1992), 58–63, 241–245
1350 WGBll. 48 (1993), 120–123, 243–246
1351 WGBll. 49 (1994), 111–115, 234–238
1352 WGBll. 50 (1995), 110–114, 242–245
1353 WGBll. 51 (1996), 118–122, 264–268
1354 WGBll. 52 (1997), 126–130, 266–269
1355 WGBll. 53 (1998), 133–137, 282–286
1356 WGBll. 54 (1999), 155–158, 319–323
1357 WGBll. 55 (2000), 148–151, 322–326
1358 WGBll. 56 (2001), 169–172, 356–359
1359 WGBll. 57 (2002), 174–176, 348–350

Bibliografien:

1360 **Aus Stadtgeschichte und Heraldik.** Bibliographie Franz-Heinz Hye, Stand Juli 1988; PCA NF (1998), H. 3, 63–74

1361 **Auswahlbibliographie Felix Czeike;** JbVGStW 52/53 (1996/97), 449–464

1362 **Bibliographie Richard Perger;** JbVGStW 54 (1998), 271–277

Czeike Felix,
1363 Literaturhinweise; FB 2 (1978), 312–321

Fischer Karl,
1364 Bibliographie Erwin M. Auer; JbVGStW 46 (1990), 195–203

Haupt Herbert,
1365 Literatur zur Geschichte des Wiener Handwerks und Handels bis zur Gewerbefreiheit 1859; JbVGStW 46 (1990), 67–105

Just Thomas,
1366 Österreichische Städtebibliographie 1997. Eine Auswahl des Schrifttums zur Geschichte der österreichischen Städte (mit Nachträgen), PCA NF (1998), H. 3, 43–62
1367 Österreichische Städtebibliographie 1998. Eine Auswahl des Schrifttums zur Geschichte der österreichischen Städte (mit Nachträgen), PCA NF (1999), H. 4, 65–82

Just Thomas/**Pils** Susanne Claudine,
1368 Österreichische Städtebibliographie 1995/96. Eine Auswahl des Schrifttums zur Geschichte der österreichischen Städte, PCA NF (1997), H. 2, 51–80

Rafetseder Hermann,
1369 Österreichische Städtebibliographie 1999. Eine Auswahl des Schrifttums zur Geschichte der österreichischen Städte (mit Nachträgen), PCA NF (2000), H. 5, 77–106
1370 Österreichische Städtebibliographie 2000. Eine Auswahl des Schrifttums zur Geschichte der österreichischen Städte (mit Nachträgen), PCA NF (2001), H. 6, 79–104
1371 Österreichische Städtebibliographie 2001. Eine Auswahl des Schrifttums zur Geschichte der österreichischen Städte (mit Nachträgen), PCA NF (2002), H. 7, 61–91

Schimböck Maximilian,
1372 Österreichische Städtebibliographie 1994. Eine Auswahl des Schrifttums zur Geschichte der österreichischen Städte, Stand 1994 (mit Nachträgen), PCA NF (1996), H. 1, 41–66
1373 Werkverzeichnis Wilhelm Rausch; PCA, Sonderheft (1997), 19–35

Seemann Otmar,
1374 Bibliographia Sonnleithneriana. Die Schriften der Juristenfamilie Sonnleithner; WGBll. 53 (1998), Beiheft 4 (= Nr. 904)

1375 **Veröffentlichungen von Max Kratochwill** (Auswahl); JbVGStW 47/48 (1991/92), 387f.

Wohlrab Hertha,
1376 Generalindex zu den Veröffentlichungen des Vereins für Geschichte der Stadt Wien (früher Alterthums-Verein zu Wien) 1856–1976, Wien 1978

Vereinsnachrichten

Register

Fördernde Mitglieder des Vereins für Geschichte der Stadt Wien:

Bank Austria ÖGB WIENER STÄDTISCHE

Gedruckt mit Unterstützung Kulturabteilung der Stadt Wien
(Magistratsabteilung 7) – Wissenschafts- und Forschungsförderung

WIEN KULTUR

ISBN: 3-9500513-1-7

Eigentümer und Verleger: Verein für Geschichte der Stadt Wien. Herausgeber und für den Inhalt verantwortlich: Dr. Karl Fischer MAS, Wiener Stadt- und Landesarchiv (MA 8), Wien 11, Gasometer D, Guglgasse 14; Postanschrift: Rathaus, A-1082 Wien

Druck: Karl Werner Buch- und Offsetdruckerei KG, 1070 Wien, Lerchenfelder Straße 37